本书是辽宁省民办教育协会教育科学"十四五"规划 2023 年度项目《基于 IMA 能力框架的管理会计人才培养研究》（LMJX2023251）的阶段性研究成果。

管理会计理论与实务探究

贺 琼 党海燕 应 颖 ◎ 著

吉林出版集团股份有限公司

版权所有 侵权必究

图书在版编目（CIP）数据

管理会计理论与实务探究 / 贺琼，党海燕，应颖著. -- 长春：吉林出版集团股份有限公司，2024. 6. -- ISBN 978-7-5731-5173-5

Ⅰ. F234.3

中国国家版本馆 CIP 数据核字第 2024GN5510 号

管理会计理论与实务探究
GUANLI KUAIJI LILUN YU SHIWU TANJIU

著　　者	贺琼　党海燕　应颖
出版策划	崔文辉
责任编辑	王　媛
封面设计	文　一
出　　版	吉林出版集团股份有限公司
	（长春市福祉大路 5788 号，邮政编码：130118）
发　　行	吉林出版集团译文图书经营有限公司
	(http://shop34896900.taobao.com)
电　　话	总编办：0431-81629909　营销部：0431-81629880/81629900
印　　刷	吉林省六一文化传媒有限责任公司
开　　本	710mm×1000mm　1/16
字　　数	260 千字
印　　张	16.25
版　　次	2024 年 6 月第 1 版
印　　次	2024 年 6 月第 1 次印刷
书　　号	ISBN 978-7-5731-5173-5
定　　价	85.00 元

如发现印装质量问题，影响阅读，请与印刷厂联系调换。电话 18686657256

前　言

随着全球经济的不断发展和企业竞争的日益激烈,管理会计作为企业管理的重要组成部分,其在提升企业内部运营效率、优化资源配置、实现经济效益最大化等方面的作用日益凸显。因此,深入探究管理会计的理论与实务,对指导企业实践、推动企业发展具有重要意义。

管理会计作为会计学的一个分支,它以强化企业内部经营管理、实现最大经济效益为最终目的。通过对财务等信息的深加工和再利用,管理会计实现了对企业经营活动过程的预测、决策、规划、控制和责任考评等职能。在实务操作中,管理会计不仅关注企业内部的财务数据,还综合考虑非财务信息,以更全面地评估企业绩效。这种综合性的评估方式,使得管理会计在帮助企业制定战略、优化业务流程、提升管理水平等方面发挥着不可替代的作用。

本书旨在全面梳理管理会计的理论体系,深入探究其在实际操作中的应用与效果。书中从管理会计理论入手,介绍了财务分析与预算管理,分析了管理会计与财务会计的融合,并对管理会计管理模式以及大数据技术对财务管理的影响等做出探讨,接着重点对管理会计运用进行总结和研究。

笔者在撰写过程中，参考和引用了一些文献资料，在此表示感谢，同时感谢一直以来支持、鼓励和鞭策笔者成长的师长和学界同仁。由于笔者水平有限，书中难免存在不足之处，恳请广大学界同仁和读者批评指正。

目　录

第一章　管理会计理论 ··· 1
第一节　企业战略转型中的管理会计 ······························ 2
第二节　企业投资中的分析决策 ···································· 6

第二章　财务分析与预算管理 ····································· 12
第一节　财务报表分析与投资管理 ································ 12
第二节　重视企业盈利能力分析 ·································· 19
第三节　积极推进业财融合 ·· 25
第四节　资本成本决策研究 ·· 34
第五节　全面预算管理路径 ·· 41

第三章　管理会计与财务会计的融合 ························· 47
第一节　管理会计与财务会计的关系 ···························· 47
第二节　管理会计与财务会计融合 ································ 63
第三节　财务会计在管理中的地位和影响 ······················ 80

第四章　管理会计管理模式 ······································· 97
第一节　财务筹资管理模式 ·· 97
第二节　财务投资管理模式 ······································ 106
第三节　财务营运资金管理模式 ································ 117
第四节　财务利润分配管理模式 ································ 126

第五节　会计管理的核算模式……………………………………… 136

第五章　管理会计信息化及其创新 …………………………………… 146

第一节　管理会计信息化 …………………………………………… 146
第二节　管理会计信息系统的建设 ………………………………… 152
第三节　网络环境下会计信息服务平台的构建 …………………… 157
第四节　智能时代财务信息化整体规划 …………………………… 164

第六章　大数据技术对财务管理的影响 ……………………………… 172

第一节　大数据时代的业财融合 …………………………………… 172
第二节　农村财务信息化建设 ……………………………………… 180
第三节　大数据在财政预算管理中的运用 ………………………… 183

第七章　管理会计运用 ………………………………………………… 199

第一节　重型工业企业：从成本会计到管理会计 ………………… 199
第二节　管理会计在医院财务管理中的运用 ……………………… 204
第三节　管理会计在教培机构的运用 ……………………………… 213
第四节　教育机构管理会计应用 …………………………………… 219
第五节　管理会计在交通运输企业的运用 ………………………… 225
第六节　汽车客运站的财务管理 …………………………………… 228
第七节　建筑企业成本管理 ………………………………………… 236
第八节　物业公司人工成本管理 …………………………………… 242
第九节　软件行业的发展与知识产权战略 ………………………… 246

参考文献 ………………………………………………………………… 252

第一章　管理会计理论

管理会计（Management Accounting）是从传统的会计系统中分离出来的，它不同于财务会计。管理会计是指运用一系列专门的方式方法，收集汇总、分析和报告各种经济信息，借以进行预测和决策，制定计划，对经营业务进行控制，并对业绩进行评价，以保证企业改善经营管理，提高经济效益，它是现代会计的一个分支。

管理会计的萌芽可以追溯到20世纪初。第一次世界大战后，在美国许多企业中推行泰罗的科学管理，来提高企业的生产效率与工作效率。为了配合科学管理"标准成本""差异分析"和"预算控制"等方法，开始将其引进到会计中来，成为成本会计的一个组成部分。当时有学者提出了"管理的会计"这个词汇，并主张将管理的重心放在加强内部管理上，但没有受到会计界的普遍重视。到20世纪40年代，特别是第二次世界大战以后，为了应对激烈的市场竞争，企业广泛实行职能管理与行为科学管理，借以提高产品质量，降低产品成本，扩大企业利润。与此相适应，"责任会计"与"成本—业务量—利润分析"等专门方法也应运而生，并加入原有的会计方法体系中来。1952年，会计学会年会上正式通过了"管理会计"这个名词，标志着管理会计正式形成。于是，传统会计被称为"财务会计"。

　　管理会计在我国起步以及应用比较晚，大约开始于20世纪70年代末80年代初。短短二三十年的时间，管理会计无论在理论上，还是在实践上都取得了较大的发展。我国管理会计已逐步从数量、定额管理过渡到成本、价值的管理，从项目、部门管理演变为全面管理、战略管理。随着理论研究的拓展和实践经验的积累，人们的目光已从过去转向现在和未来，开始用全局的观点、战略的眼光进行财务活动管理。

第一节　企业战略转型中的管理会计

　　企业战略转型是指企业长期经营方向、运营模式及其相应的组织方式、资源配置方式的整体性转变，是企业重新塑造竞争优势、提升社会价值、达到新的企业形态的过程。进入21世纪，新技术革命不但带来社会变革，也给企业带来前所未有的发展机会。通常，企业战略转型的驱动因素包括：发现扩张和盈利的新路径、应对市场上的行业格局剧变、并购重组、增强企业活力以及为生存而战。无论哪种驱动因素，企业在战略转型过程中都需要与管理会计相互配合。

　　在新常态下，为了完成战略转型目标，企业应从管理认知、体系建设、监管机制、信息平台等方面着手，通过强化管理层对管理会计认知、完善管理会计体系建设、创新会计监管机制、创建业财一体化信息平台等方式，使战略需求得到充分满足，从而推动企业快速发展。

一、企业战略转型中管理会计建设策略

（一）强化管理层对管理会计认知

企业是以盈利为目的的组织，终极追求便是利益最大化。为了实现这一目的，管理层应提高对管理会计的认知，一方面，要意识到管理会计的重要价值，以便在企业管理中发挥积极作用，使预算、决策与规划控制更加科学合理，促进会计工作的价值发挥，做好业财融合，为企业创造更大的价值；另一方面，企业要做好会计人员技能培训工作，促进全体员工专业技能与素质的提升。会计工作是一个很严肃的专业技术工作，对从业者的技能和素质都有严格要求，尤其是实施管理会计后，对人员能力要求更高，不仅需要其具备财务会计知识，还要具备计算机知识、法律知识、管理知识等，通过培养财务人员素质，可以提高其资料整合能力、信息采集能力、人际交流能力等，将这些能力与会计知识相结合，可以提高服务企业发展的能力，实现管理会计的目标。

（二）完善管理会计体系建设

由于国内企业对管理会计的重视度还比较低，且行业不同、企业发展阶段不同，管理会计工作的效能实际上也千差万别。因此，企业应结合自身特点创建与战略目标相符的管理会计体系，并成立专门的管理机构，制定指导原则与制度规范，依靠新型管理方法与工具发挥积极职能，循序渐进地落实管理会计体系建设工作。

一是全面预算系统。该模块是在特定时期内对各项业务活动进行整体预测，涉及财务、经营与资本等方面。在实际工作中，以企业战略目标为导向，立足于经营现状提出预算目标，通过预算编制、考评等方式，对经营活动的全过程进行干预，进而提高市场敏感度，提高企业核算控制效率。

二是决策支持系统。管理会计的效能在于为领导者提供信息支持，使决策更加科学准确。一般将决策类型分为长短两种，长期以投融资方向决策为主，短期以日常生产或销售决策为主。上述决策都需要管理会计的辅助，在信息技术的支持下，开展智能化知识管理、数据采集等工作，可以实现企业的科学决策。

三是成本管理系统。对企业经营活动中各项成本的核算、控制与分析，是管理会计体系中的关键内容。在成本管理理论中，战略成本管理、作业管理法等逐渐应用到成本管理实践中，尤其是作业成本法，是将产品生产阶段分成多种作业，采用作业成本管理法，依据不同工作需求分配资源，并依据标准成本实施差异化业绩考核。企业在该模式基础上创建成本管理体系，不但可以弥补传统成本分摊、核算偏差、分配失衡等方面的弊端，强化成本控制，还可以使绩效评估、预算管理更加准确，通过价值链和岗位分析，可以明确价值驱动因素，消除非增值业务，提高企业效益。

（三）创新会计监管机制

在企业管理体系中，财务会计属于信息中枢，通过财务分析，既可以判断企业短期内的收益情况，也可以为后续发展制定规划。在以往的监管工作中，由于未制定切实可行的会计监督机制，导致会计监管工作没有依据和抓手，影响监管效率的提升。企业战略转型过程中，会计部门应通过完善监管制度的方式，使会计管理内容更加丰富，实现数据信息的有效采集与整合，为企业科学决策提供更多支持，及时找到企业发展的阻碍因素，并采取有效措施。企业应通过不断创新理念与机制，提高对管理会计的重视程度，实现资源优化整合。在遵守会计准则的基础上，企业应采取相应的监管措施，依靠先进的信息技术改善系统环境，实现管理会计的自动化操作，全面提升工作效率。

（四）创建业财一体化信息平台

在大数据、云计算等信息技术支持下，企业应结合经营现状与管理会计职能，通过创建业财一体化信息平台，利用财务软件、ERP系统、云存储、AI智能等方式，实现业务处理信息化，从而提高会计核算效率，把会计人员从繁重的会计工作中解脱出来，重点加强管理会计工作。高效的业财税一体化平台上，可促进财务、业务、管理等部门间的沟通交流，可以打破以往"信息孤岛"的困境，为管理会计提供强大的技术支持。只有这样，才能做好统计、预测、分析等工作，实现资金结算、全面预算、趋势分析等目标。

综上所述，企业为了保持竞争优势，在适时开展战略转型升级的过程中，要结合管理会计发展趋势，通过强化管理层对管理会计认知、完善管理会计体系建设、创新会计监管机制、创建业财一体化信息平台等方式，促进管理会计作用的充分发挥，推动企业的稳健长久发展。

第二节 企业投资中的分析决策

编制可行性分析报告是投资决策前必不可少的关键环节。可行性分析报告主要是对项目市场、技术、财务、工程、经济和环境等方面进行准确、系统、全面的分析，完成包括市场和销售、规模和产品、厂址、原辅料供应、工艺技术、设备选择、人员组织、实施计划、投资与成本、效益及风险等的计算、论证和评价，进而选定最佳方案。因此，对投资项目进行可行性分析非常重要，它是确保投资收益、防范投资风险最有效的方式。

近年，随着我国经济的高速发展，投资项目的可行性分析应用越来越广泛。投资项目的可行性分析是一项综合工作，需要进行全面系统的分析，但是，不少项目的可行性分析方法陈旧，采用的估值方法与时代脱节，不能全面、准确反映投资项目的收益及风险，以致对投资决策产生干扰。

一、可行性分析存在的问题

一般而言，企业无论是对外投资还是对内投资，其涉及的金额都非常大，且在一段时间内，企业投资的现金流都是持续流出状态，短时间内由于投资带来的现金净流入很难为正，这就导致投资在给企业带来收益的同时，也带来风险。所以，通过分析投资存在的问题，可以帮助决策者根据问题制定解决问题的对策。

（一）先投资再论证

由于市场机会瞬息万变，企业在抢抓投资机会的过程中，为了能第一时间拿到心仪的项目，往往会忽视投资可行性分析的重要性，觉得可行性分析太慢，机会来了，就要果断抓住，因此存在先投资再论证的情况，即没有进行可行性分析的情况。这种情况在中小企业中尤为突出。究其原因，主要是这些企业首先考虑的是机会收益，而忽视风险损失。在没有进行可行性分析的基础上，先砸进去真金白银，再组织人员分析项目的现金流、盈利能力，尽管这个过程中，企业也会努力收集各类资料，但是这种事后分析的方法，各项分析只停留在表面，不能发挥实际的效果，更像是亡羊补牢。因为投资事项已经发生，可行性分析结果原则上不可能否定这个项目，只能在深入做好投资方面开展更多的研究，比如，如何保障投资资金安全、如何实现投资预期收益，对投资中出现的风险、损失如何避免等。这种方式很容易让企业陷入盲目的投资境地，不仅收益率难以保证，甚至可能出现投资损失。可以说，这种方式的机会成本极高，不但是项目本身存在巨大的不确定性，同时也会挤占其他项目的投资机会和投资资金。

（二）指标体系缺陷

企业在开展投资项目可行性分析过程中，都是以传统的投资分析理论进行，无论是采用净现值的估值模型，还是采用贴现的方式对未来现金流量进行测算，都要计算投资的回收期，但是在贴现计算环节，贴现率、市场利率、物价水平等都会随着市场的变化而相应的发生变化，受制于人工计算的效率和准确性，各项指标测算都具有一定的片面性，这直接导致可行性分析不能对现金流量进行全面的评价。

（三）假设条件存在不确定性

在进行技术假设的环节中，由于有些技术更新的速度非常快，原有的技术参数无法满足新技术替代对原技术的影响。在对产品寿命周期进行假设的环节中，投资项目的经济寿命周期比项目的自然寿命周期更为重要，尤其是在技术迭代越来越快的今天，准确计算经济寿命周期是投资项目分析的关键，只有计算经济寿命周期内生产和销售的平衡，才能实现投资收益最大化的目的，否则，超过经济周期的自然寿命周期只会降低预期的投资收益。

在进行现金流量假设的环节中，通常都是假定投资在初期进行，这种假设并不符合项目运行的实际规律，任何项目的投资都不可能在较短的时间内完成所有投资，投资金额一定是按照项目进度分期、分批投入的，尤其是重大基建和生产性投入。由于资金是分批投入，且资金来源除了自有资金外，很大程度上还有银行信贷资金，这些融资资金能否及时到位并且投入项目,对项目现金流的流入和流出测算将起到至关重要的作用。很多项目之所以测算的时候有盈利能力,实际运营却亏损极大,很重要的原因就是借贷资金投入时机与投资分析进度不匹配,资金不到位不仅增加了利息支出,还会延缓投资项目的整体进度,甚至导致投资失败。

二、投资可行性分析的对策

(一)引入不可行性分析理念

企业在进行可行性研究分析中,除了正向分析投资收益之外,为了有效避免各类投资风险,还通过SWOT分析法,开展项目的不可行性分析,通过反面论证的方式,找到项目潜在的风险或问题,为可行性研究报告提出改进思路,使分析报告更加科学和全面。对项目中面临的各类问题进行分析,如资源情况、投资环境、项目布局产品和生命周期等,这些因素在项目实施中具有不可控的特征,在项目建设的各个环节都可能产生阻碍。在项目实施过程中,任何一个因素的变动都会导致项目无法顺利进行,进而给项目造成不可控的损失。如果在论证环节中,提前把不利因素分析透彻,并制定相应的对策,就可以防止决策失误,避免项目失败。

(二)充分考虑时滞因素

在对现金流量进行预测分析时,要充分考虑时滞因素。时滞指的是项目从开始实施到投产所需要的时间。在项目建设过程中，时滞一般会在以下几个情况中产生：一是融资时滞；二是投资时滞；三是现金流入和流出产生的时滞。融资时滞主要是企业在融资中与银行或金融机构签订合同所耗费的时间。由于企业的投资过程是逐步完成的，从节约资金成本的角度考虑，企业的融资应该分次流入账户，所以企业应根据自身的业务经营情况，对资金成本和融资进度进行筹划。投资时滞指的是项目从开始建设到投产之间的时间。项目在建设过程中，企业要对项目进度进行分析，以匹配项目建设的不连续性和不规则性的特征。现金流量的流入和流出过程也会产生时滞，主要是现金流入项目产生现金收益之间的时间。由于存在应付账款账期，如果现金的流入和流出都发生在末期，那么在对现金流量现值计算的环节中就会缺乏可操作性。所以，对时滞性因素，在计算现金流量时，应该结合项目投资和产品销售的实际周期，制定合适的贴现期，合理计算现金的投入与产出，实现不间断的现金流量，要对营业的现金流量进行分析，为投资决策服务。

（三）做好市场调研工作

在进行项目投资前，应该对市场情况、有效资源以及环境因素进行充分的调研。在对市场进行调研的过程中，要完善各项基础性工作，对资源的利用模式进行合理的分析，仔细分析企业资金来源渠道，对不同用户的市场需求进行分析，找出用户的潜在需求，为项目建设的投资和决策提供可靠性的依据。

在市场调研的基础上，要对存在的风险进行预测，在市场调研并进行数据分析的基础上，结合技术和市场两个方面开展定性分析，。在完成市场调查后，采用专业的预测知识，将所有的数据进行整理和汇总，以便了解市场运行的规律，通过建立预测模型，利用分析图表，直观的将市场情况分析展示出来，以便为投资决策提供更加直观的判断依据。

（四）对项目进行社会效益评价

为了确保项目投资和社会环境相协调，在对项目投资的经济效益进行测算的同时，还要完善社会效益评价机制。从政府社会公共事务管理职能的角度看，不论是对公共投资项目还是对企业或私人投资项目，都要做国民经济评价和社会评价，以加强对项目环境影响与社会影响的控制。不仅要通过对项目影子价格的测算与社会折现率的选取，做到对项目所产生的总体与宏观经济效率的控制，还应从项目所受影响的相关群体的角度出发，对项目进行相关群体效益成本分析，测算项目相关群体总的净收益，以及相关群体内部各子项之间净收益的情况，并以此为依据来决定是否同意执行该项目。从项目管理的角度看，为降低投资项目的社会风险，企业不仅要详细测算项目的直接成本与收益并对投资项目的财务进行评价，还要详细分析项目的社会效益成本并进行项目的社会风险评估，从而避免投资的短期行为。

第二章　财务分析与预算管理

第一节　财务报表分析与投资管理

财务报表是投资者进行投资分析和投资决策的重要依据，在投资管理中起着至关重要的作用。投资者只有重视财务报表的分析工作，通过财务报表分析获取重要的财务指标信息，了解公司的经营成果、财务状况以及现金流量的情况，才能在此基础上合理预测公司的未来发展趋势，为投资决策提供依据。

一、财务报表分析的要点

财务报表体系主要由资产负债表、利润表、现金流量表、所有者权益变动表及附注构成。不同的财务报表反映的经济内容有所不同，资产负债表反映公司的财务状况；利润表反映公司的经营情况；现金流量表反映公司的现金流量；所有者权益变动表反映公司所有者权益的增减变动情况；报表附注是对公司的重要事项进行说明，采用文字和数字相结合的说明形式。在分析财务报表时主要包括4种方法：对比分析法、趋势分析法、结构分析法和因素分析法。投资者在分析财务报表的过程中，应当注意以下几个关键要素：

（一）了解被投资公司情况

对公司经营情况进行充分了解。具体包括以下内容：被投资公司所在的区域、所属的行业范畴以及控股股东等，借此来明确公司的主营业务，如产品、服务类型等，并掌握公司近年来的经营情况。看公司在经营方向上是否拥有高于同类竞争对手的技术与能力，这是因为如果对该公司的投资公司较少，其很难保持长期强劲的发展势头，并且也不利于经营风险的分散。还应从不同的角度对被投资公司的经营环境进行全面分析，如公司所处的行业环境、竞争环境等。对公司的股权情况加以了解。主要包括股本结构、股本的变动及原因等，并在此基础上，掌握公司现有的股东人数及持股数量较大股东的持股和变化情况。最后，对公司的分红融资情况进行了解，主要是分红方案的说明，并检查其是否在最近一段时期内进行了股权再融资活动。

（二）分析报表中关键性项目

由于报表中包含的数据量较大，且涉及的内容较多，从而增加了关键性项目的识别难度。因此，可在找出多期数据的基础上进行一并分析。在对多期数据进行处理时，可以借助 EXCEL 工具，计算出数据的增减变动幅度，然后绘制成散点折线图，由此便可识别出某一段时期内，哪些是变动幅度较大的项目，哪些是比较稳定的项目，前者是投资者应加以重点关注的项目。当找出应进行重点关注的项目后，便可结合公司环境对其变动的内在原因进行分析。

（三）计算分析财务指标

为了使投资者在投资前期掌握公司的经营业绩、偿债能力、资产管理能力、经营风险、可持续发展能力等方面的情况，就必须以财务报表数据为依据，对其进行计算，获取相关的财务指标，从而客观的反映投资者需要了解的情况。如，在盈利能力分析中，要计算出销售利润率、资产利润率、权益净利率等财务指标。同时还要关注公司的主营业务收入中，与主要客户的交易收入所占的比重。比重越大，则说明公司对主要客户的依赖程度越高，对公司持续盈利的影响越大。

二、财务报表分析在投资管理中的应用

投资者在进行投资管理的过程中，必须重点分析资产负债表、利润表和现金流量表三大会计报表的数据，了解被投资公司的具体情况，以便为投资决策提供可靠依据。

（一）资产负债表分析

通过资产负债表分析，主要了解公司的财务状况、偿债能力以及资产、负债、权益等相关重要信息。

1. 资本结构分析

资本结构是指企业各种资本的价值构成及其比例关系，是企业一定时期筹资组合的结果。广义的资本结构是指企业全部资本的构成及其比例关系。企业在一定时期的资本可分为债务资本和股权资本，也可分为短期资本和长期资本。狭义的资本结构是指企业各种长期资本的构成及其比例关系，尤其是指长期债务资本与（长期）股权资本之间的构成及其比例关系。通过分析资本结构，能够了解公司是否存在风险隐患，保持合理的资本结构则有利于提高企业价值。债务融资能够给企业带来财务杠杆收益和节税收益，当总资产息税前利润率大于债务成本率时，企业进行债务融资，可以获得财务杠杆收益，提高企业价值；企业进行债务融资可以带来节税收益，提高企业价值。但随着债务融资的增长，企业面临的财务风险就会增大，甚至使企业陷入财务危机及破产。

2. 资产结构分析

投资者要通过分析资产负债表掌握公司的资产结构，从而了解公司的资产质量。具体从分析流动资产和长期投资入手：（1）流动资产。流动资产中要重点关注期末存货和应收账款，公司存货占流动资产比例应在30%以内，若公司的存货比例过大，占用公司资金比重较高，则会降低公司资金的流动性和短期偿债能力。应收账款数据过大，会增加资金回收难度，降低资金周转率，从而给公司带来较大的经营风险。（2）长期投资。投资者要重点评价长期投资的回报，了解公司长期投资的资产质量。如果公司的资产负债一直保持过高比例，投资者就要对公司的资产负债率保持谨慎态度，避免投资风险。

3. 债务结构分析

公司的负债总额是由多个部分组成，如短期借贷、应付股利以及应交税费等。投资者应对后两项的数据情况加以重点关注：（1）应付股利。当公司历年累计的应付股利金额较大时，表明其流动资金较为紧张，此时应对公司的股利分配政策及盈利情况的真实性产生怀疑。（2）应交税费。通常情况下，应交税费是由公司应当交纳但未交纳的所得税组成，若是金额较大，表明公司的流动资金十分紧张；如果连年欠税，则可能是由于公司的应收账款比例过大，致使其流动资金周转困难，由此表明公司在销售政策及财务内部管理上存在严重的不足。

（二）利润表分析

通过利润表分析，主要了解公司的生产经营成果，衡量公司的生存发展能力。

1. 利润结构分析

利润表主要反映的是公司某个期间内的净利润或是净亏损情况，该财务报表的重点为收入指标和费用指标。利润表中包含了营业利润、主营业务利润、净利润以及利润总额等会计指标，投资者应对公司的主营业务利润及净利润的盈亏情况，即非经常性损益加以重点关注。由于主营业务是促进公司长期发展的动力之源，通常情况下，主营业务亏损但净利润却有盈余的公司的危险系数要远远高于主营业务盈利但净利润亏损的公司，这是因为公司可能会通过一些不稳定的指标，如营业外收入、投资收益等，对当期净利润和利润总额进行调整。

2. 关联交易分析

投资者要对公司的关联交易进行分析，掌握公司真实的利润来源，避免投资者因公司利用关联方交易调整利润而对投资决策造成误导。在关联交易分析中，母子公司利用关联交易转嫁费用，所以在分析公司利润时必须剔除因关联交易产生的利润。投资者要重点考察以下3种利润调方式：（1）母子公司利用资产租赁的方式调整利润，子公司的大部分资产通过租赁的方式从母公司获取，甚至可将租赁的资产转租给母公司，以达到转移利润的目的。（2）子公司可以通过与母公司之间进行资产转让置换的方式，来粉饰自己的经营状况。也有一些公司利用购买母公司资产的款项挂往来账，由此便可以不计利息，这样不但能够获得资产的经营收益，同时还不用付出任何代价便可将经营风险转移给母公司。（3）子公司通过将自己的不良资产与债务剥离给母公司的方式，可以达到避免经营亏损的目地。

（三）现金流量表分析

通过分析现金流量表，了解公司现金构成、现金来源以及现金用途。

1. 关联公司往来资金分析

融资性是关联公司往来资金所具备的一个典型特征，借款方一般都是放在其他应付款中进行核算，而贷款方则是放在其他应收账款中进行核算。在现金流量表的编制中，应收及应付款变动额会被作为公司经营活动产生的现金流量，但从本质的角度讲，这些变动所反映的是投资和筹资活动，所以可能会造成现金流量净额被夸大的情况。

2. 股利支付分析

对财务状况较为良好的公司而言，其在现金股利的分配上可以保持连续性，并且账面利润也比较好。而财务状况比较恶劣的公司，一般无法经常进行现金股利的分配，因此，从现金股利的分配上能够判断公司的财务状况。

3. 每股现金流量分析

有的公司虽然税后利润指标较好，但其现金流量却并不充足，这极有可能是因为关联交易引起的。主营业务盈利的公司，其每股经营活动所产生的现金流量金额应当高于同期每股收益，这种现金流量才属正常。所以，投资者在投资时，应当选择每股税后利润与每股现金流量都比较高的个股。

认真细致开展财务报表分析，对降低投资风险、实现投资收益目标有着重要意义。投资者要善于运用财务报表中的数据以及报表与报表之间的逻辑关系进行投资分析，掌握公司的经营情况和财务状况，以便为投资者进行投资决策提供可靠依据，从而确保投资者能够获得预期的投资回报。

第二节　重视企业盈利能力分析

企业发展的根本动力在于实现利润、效益最大化。随着社会主义市场经济的快速发展，科学技术的更新换代，企业也迎来新的发展契机。在这种时代背景下，企业要想实现效益最大化，就要选择适合自身发展的盈利模式，而这也是企业必须要做出的选择。

一、企业盈利能力的概念

企业盈利能力是指企业在一段时间生产经营的过程中所获得利润的能力。在对企业盈利能力加以评价的过程中，需要结合企业现有的财务状况，结合其各项盈利指标加以分析，从行业的相关背景与宏观环境出发，对企业自身的盈利能力展开全面评估。

二、盈利能力的作用

企业在发展过程中，盈利能力分析对企业未来发展起着至关重要的作用。通常情况下，企业对盈利能力的分析需要运用到不同的计算方法，并以企业财务报表之中的各类数据为基础，根据相应指标对应的计算公式进行相应的计算，得出相应的财务结论。同时，还需要对企业盈利能力进行相对全面而细致的分析，加深对企业内部财务状况的了解，特别是经营的相关成果,这样才能够促使企业做出最为科学准确的投资决策。结合非财务指标发现企业实际存在的问题,提出更好的建议和对策,可以使公司更好地应对以后的挑战和机遇,获取丰富的效益,促进企业的长久发展。

三、盈利能力的影响因素

企业在发展过程中必须具备一定的盈利能力,这是非常关键的。企业盈利能力会受多种因素的影响,主要包含以下几种:(1)资产的影响。通常情况下,企业可以以现有资产作为基础,通过必要的经营战略,有效提高自身的盈利能力。(2)生产经营状况的影响。企业盈利能力的获取,主要从企业正常的经营活动中获取,根据企业生产经营的基本状况,可以将企业的盈利能力充分有效地反映出来。这主要是由于企业在发展过程中,自身规模大小、销售能力、产品结构等能够对自身经营活动造成影响,进而对自身盈利能力造成影响。(3)所有者投资的影响。结合企业自身盈利能力进行分析,企业所有者投资也能够将其纳入企业盈利能力的一个范围。主要是由于在企业结构中,企业投资者与企业之间有着十分紧密的联系,而且获利的情况也彼此联系紧密。从一定角度来看,企业盈利能力提高,企业所有者投资回报也会随之增加。

四、企业盈利能力分析存在的问题

（一）财务数据来源不准确

财务盈利能力的好坏直接关系企业的生存与发展，尤其是在激烈的市场竞争环境下，财务工作实施是否合理科学显得非常重要。但是，在实际的企业财务工作中，部分领导缺乏财务知识，且风险意识不足，再加上没有认识到不同会计方法对财务报表信息披露和使用价值的影响，导致财务信息不够准确、详实，很难保证企业财务盈利分析准确。如，在财务核算中，由于公允价值变动，时常会出现存货跌价、溢价的情况。若不能选用合理的计价方式，很可能造成存货价值、产品账面成本与实际情况出现偏差，继而导致财务信息不准确，财务盈利能力分析不科学，进而致使企业决策失误。

（二）财务盈利分析模式不合理

企业盈利能力具有增长性、常规性、平稳性等特点，而这些特点可以通过有效的分析，以数据的形式反映企业的盈利状况，进而对盈利能力进行评价。财务人员通过深入分析盈利数据，总结盈利能力的优劣，并制定行之有效的调整策略，以实现企业经济效益的持续增长。在实际经营过程中，企业需要顺应市场发展，找到满足企业发展需求的盈利模式。

(三)成本控制能力相对薄弱

从客观的角度上看,企业盈利能力最直接的影响因素是其成本控制能力。随着市场开放程度越来越高,社会经济得到了快速发展,企业不断在抢占市场份额上下功夫,而忽视了对内部的监督与管理,导致成本失控,从而难以取得理想的经济收益。如果企业财务制度不健全、各项工作执行不到位、职责和权利界定不明确等,就会提高企业的运营成本,进一步加剧企业盈利风险。

五、提升企业盈利能力的策略

(一)提升风险意识,创设理想的工作环境

企业要善于借助制度和技术手段,将各种风险扼杀在摇篮之中,确保各项财务工作及时、安全、高效的运行。企业只有全面提升风险意识,创设理想的财务工作环境,将新观念、新知识、新技术根植在企业人员的心中,才能为企业发展方向把舵并提供支持。要从领导的工作和思想意识抓起,从整体、大局出发,深入思考企业发展方向,不断找寻企业发展存在的不足。同时注重结合实际,兼顾外部扩张和内部管理,进一步加强对财务机制和体系的建设。要保证财务数据的真实性、准确性、完整性。对企业而言,没有任何制度和方法是一成不变的,其变与不变是由企业发展需要决定的,所以当发现现行的财务方法不再适用时,

企业应做出准确的判断，及时补充或者调整方法。通过严格把控数据信息的生成、传递、使用过程，保证财务信息内容的详实，不断为企业制定发展决策提供坚实的保障。

（二）立足于企业发展，选用合理盈利模式

企业提高盈利能力主要有以下三种手段：一是实现产品创新和降低生产成本来提高净利润；二是利用扩张规模的手段提高企业的资产运用效率；三是利用运用财务手段提升盈利水平。如，对大型企业而言，可着重提高其投资盈利能力，通过深入分析市场盈利方向，积极打通投资渠道，扩展市场资源，选择最优的投资对象，以确保资金得到充分利用，实现经济效益；对中型企业而言，可注重强化自身的管理能力，通过做好市场调研，了解客户的基本需求，不断改变生产方向和创新产品，以找寻更好的市场卖点，实现利润最大化；对小型企业而言，不仅要提升投资能力，也要提升融资能力，争取获取银行、贷款公司等金融机构的信任，以提升企业借贷资质，扩大生产销售规模。

（三）强化内部管理，提升内部控制能力

企业应强化内部管理，提升内部控制能力。只有完善财务管理体系，优化财务工作流程，才能为企业发展经济和提升盈利能力奠定基础。立足于企业经济发展方向，制定全面、具体的财务运行制度。财务部门作为企业的经济命脉，其工作质量和效率直接影响企业的盈利效益，

所以必须先明确财务部门中各个工作岗位的职责与权利，尽可能避免"一人多岗""一岗多人"的工作局面出现。积极建立财务部门与其他部门的协作机制。财务部门通过信息技术手段，实现各项数据信息的传递与运用，及时发现企业发展中存在的问题及可能存在的风险，并在第一时间采取相关措施，提升企业风险控制能力。积极完善监管机制。通过加强对财务工作的监督与管理，采用事前预防、事中监督、事后反馈的方法，找到影响盈利能力的风险隐患，并积极加以解决，才能从真正意义上通过防范风险避免损失，保证企业盈利能力。要完善绩效考核、晋升奖罚、培训学习等制度。通过正向激励措施，督促员工为企业提升盈利能力做出应有的贡献。

（四）依据发展需求，打造专业人才团队

21世纪无疑是人才和技术比拼的时代，谁拥有高素质的专业性人才，谁就能在激烈的市场竞争环境中占据一席之地。因此，企业要想提升盈利能力，就必须将工作重点放在"引才"和"育才"上。通过加大人力、物力、财力的投入，打造和组建一支专业财务队伍，才能为企业经营发展保驾护航。企业要积极采用"任人唯贤"的策略，以保证财务工作的规范化、标准化，积极拓宽引才渠道，让社会上更多的优秀人才来企业工作，充分发挥财务人才的价值效用，提升企业财务管理能力。企业要通过"晋升奖罚"机制，引导财务人员学习新观念、新知识、新技能，促进全体财务人员提升盈利分析和决策支持能力，从而为企业经

营发展提供支撑，发挥业财融合效用，实现企业盈利能力的提升。

第三节　积极推进业财融合

经济市场环境不断变化，市场与行业间的竞争日益激烈，优化财务管理模式，加强业务与财务的整合，成为企业提高市场占有率，实现转型升级及与时俱进的有效途径。业财融合是指公司财务管理与业务活动的整合，它是将财务的核算与分析方法或工具贯穿到业务运行流程中。财务人员应参与到业务的运营中，深入了解公司经营的现状。业务部门应当密切配合财务人员对公司业务数据的分析工作，提供准确的数据信息，以提高财务数据核算的准确度。要切实发挥业财融合的开放性、共享性及全面性等优势特征，需从优化调整业财融合现状入手，推动企业的现代化发展。

一、企业加强业财融合的作用

（一）提升财务管理水平

企业通过业财融合可确保财务管理成效，推动企业尽快实现价值与效益最大化的目标。业财融合涉及的内容较多，工作开展需多方面力量的支持，还需业务与财务等管理部门的沟通协作。尤其是财务人员，应当充分了解公司的业务工作，明确业务活动中的成本支出与资金流转等情况，通过对信息的收集与分析，对业务管理工作展开提供价值参照与有效的建议。加强对业务工作的财务管控，能够提高企业财务管理的整体性与综合性，可为企业制定经营决策提供价值的数据信息支持，在精准经营决策的推动下，尽快实现企业效益最大化。

（二）加大财务监督的力度

企业通过业财融合的管理模式，能够促使财务管理部门切实发挥财务监督等职能，监管企业各经营环节的财务工作，及时发现与解决潜在问题。业务管理部门向财务管理部门提供财务等数据信息，财务管理部门通过分析数据信息，能够明确掌握业务活动的进行情况，对所发现的存在与潜在风险及时管控，从而实现风险事件的事前预防与事中有效控制。通过对未发生风险的识别与预警，可以确保风险应对方案的可行性与合理性。将财务指标纳入风险预警指标体系的范畴内，在业财融合的支持下，可以提高财务指标的利用价值，精准预警财务风险，减少企业的经济损失，推动企业稳中求进的发展。

（三）加强内部控制

企业实行业财融合的管理模式，对加强内部控制有着积极意义。业务管理部门在开展内部控制的过程中，财务管理部门可以提出建设性意见，如数据分析方式与财务管理方式等。而业务管理部门可以将内部控制中的问题及时向财务管理部门反馈，经过财务管理部门的分析与给出指导意见后，可作为业务管理部门调整与改进内部控制管理的依据。在业务与财务管理部门的沟通协作下，企业的内部控制成效可以得到持续改进。

二、企业推进业财融合中的问题

（一）目标不统一

企业的业务部门受业务限制等因素影响，在工作中对市场与生产及利润等要素更加重视，而财务部门对收益与成本等要素更加关注，因此两部门的工作目标普遍存在不统一的情况，直接影响业财融合工作开展的成效。企业的决策层更注重财务信息，会将更多的精力投入在财务信息整理等方面，对企业的业财融合重要性的认识片面，直接影响业财融合的推进与财务工作的优化进度。

（二）信息采集共享的进程缓慢

信息共享是影响业财融合推进的重要因素，是财务部门实施业财融合的重要前提，也是财务部门组织开展财务管理的基础。但是，受企业不同发展阶段的影响，企业信息共享工作存在诸多问题：一是信息设备的版本老旧。虽然企业的信息采集技术越发成熟，可满足基本工作的智能化处理需求，但信息设备的更新进度缓慢，大部分企业忽视了对信息技术设备的更新，导致无法最大限度的发挥信息设备的功能作用，难以有效整合信息。甚至由于各信息设备间的版本不同，导致信息交流存在壁垒，需要开发专门的接口，增加了信息共享难度。二是各部门职能的相对独立，导致信息数据标准不统一，财务与业务部门间的沟通、转移的时间相对较长，不利于业财融合工作的顺利开展。

（三）参与度不高

财务人员的积极性直接影响业财融合工作的推进。实际上，大部分财务人员对业财融合工作的认识片面，参与融合管理的积极性相对较低，主要体现在以下几个方面：一是财务人员对业务的了解片面，在业财融合中无法对业务工作进行正确的分析与决策，从而影响各部门间的协同发展；二是在业财融合工作中，需要改进传统的方式，加强思想观念与职责理念的转变。部分财务人员由于职业习惯，考虑本部门的情况多，考虑别的部门情况少，没有融合的理念和意识，在业财融合推进过程中，出现了很多不适应的情况，甚至出现了抵制心理，这不利于业财融合工作的有序展开。

（四）监管机制不完善

部分企业在开展业务融合工作时，缺乏有效的监督管理机制，需要通过绩效管理手段强化执行。部分企业的绩效管理工作，通常只对财务与生产等指标提出了考核要求，对业财融合方面的涉及相对较少，导致在业财融合中无法进行有效的约束。部分企业在业财融合中的指标相对抽象，无法量化评定项目，导致绩效管理中的反映不够直接，导致绩效管理工作形式化，作用价值发挥受限，这就需要进一步细化业财融合的绩效管理内容。

三、企业加强业财融合的对策

（一）统一目标

建立共同愿景。企业推进业财融合工作需要有明确的目标，根据企业情况科学制定策略，加大宣传力度，提高企业员工的凝聚力与向心力，促使其朝着共同发展目标而努力。以企业的经营策略与经营目标为中心，做好财务与业务人员的未来发展引导工作。加强企业业财融合的文化建设。企业文化可指导企业工作的展开，但企业文化涉及的内容广泛，包括规章制度与发展目标及发展方向等。加强业财融合与企业文化的整合，能够让各部门在企业文化的指导下进行工作，从而创造良好的发展环境。尤其是在业务部门与财务部门的目标统一上，还需从以下几方面入手：一是加大业财融合的宣传力度，让各部门深入了解业财融合，以此夯实业财融合工作展开的理论与思想基础；二是积极展开集体活动，打破业务与财务部门间的隔阂，统一两部门对业财融合的思想认识；三是完善业财融合制度，从硬性方面引导各部门间的协作，以此强化业财融合的价值意义；四是作为企业的高层，应当定期了解业财融合效果，定期开展业财融合流程和效果研讨，以此提供业财融合顺利发展的基础保障。

（二）加强信息化建设

信息化建设是新时代企业发展的关键所在，顺利实现业财融合也需要强大的信息系统予以支持，所以，实现业财融合信息化具有基础性的作用，可以从以下几个方面入手：一是加强企业各部门信息设备的更新配置，统一信息设备及其版本，缩短各部门沟通交流的转移处理时间。为确保业财融合工作顺利开展，企业应建立统一的标准化作业模式，实现财务与业务的良好对接，以此优化业财融合的运营模式。企业的财务人员应深度研究各种业务的运行模式与业务收支管理及资金、成本费用、纳税等环节的控制机制等情况，优化各种分析报表。在业务的财务流程中，业务与财务部门应当相互配合，打通业务系统，将公司业务数据传输至财务系统中，提高数据传输效率和质量，以强化财务数据分析的准确性与实效性。二是在企业系统中引入业财融合软件。随着业财融合理念和管理流程的推进，企业要在财务系统上完成业财融合系统的搭建，实现各项资源的整合与优化。财务系统与业务系统是企业数据流转的基础系统，通过加强对财务与业务系统的融合管理，清理各系统数据的逻辑对应关系，加大数据传输软件的开发力度，确保数据传输的高效性与智能性。利用现代信息技术取代以往的人工传输，可以减轻工作人员的工作量与强度，提升数据传输质量。三是提高企业员工的信息技术素养，提高其对信息化设备的掌握程度，确保其能够在业财融合中熟练操作系统，从而推动业财融合系统使用，提高自动化程度和人机系统的匹配程度。

（三）融合项目管理

企业在推进业财融合时，应当加强业务与财务人员间的沟通交流，确保财务人员充分掌握业务开展的情况。财务人员要全面管理业务的运营项目，确保财务在项目应用中有效贯穿，从而实现对业务的科学管控。企业通过完善业财融合的管理机制与方法，一方面可以提高财务人员参与业务工作的主动性，使其获取完整的业务数据，以确保业务分析研究工作顺利展开。另一方面，财务人员主动向业务部门提供财务信息，并支持业务部门工作。实施业财融合后，财务人员应当做好业务的准备工作，以确保业务的规范展开，从而降低业务的风险与成本。财务人员应当对业务的可行性做出专业的财务判断，跟踪业务经营数据等情况，为业务履行与风险分析提供决策支持，切实规避风险。财务人员应当总结分析业务的整体运行状况，检查与规避运营中的问题，分析业务产生的效益与成本。尤其是在业财融合流程的再造环节，应当加强事前审核。在业务活动开展前，要充分评估业务流程，以尽快发现潜在风险，确保业务活动制定环节更加高效准确。财务人员通过积极参与，要对业务活动进行全方位的评估，并根据评估结果提出优化的意见和方法，根据业务需要实现资源的高效配置。要加大事中监督的力度。财务人员介入业务工作各环节，发挥财务的监督职能，对业务活动的规范性与开展效果及资源使用情况等方面进行全过程监督，及时发现问题，并协助业务部门及时改进。尤其是对业财融合中的重要业务，需采取定期抽查及实地检查或报表跟踪等方式进行跟踪分析，并在实践中逐渐完善沟通与汇报制度。应做好事后评价工作。通过对业务活动的事后评价，一方面充分了解业务活动结果，便于绩效考核，发挥激励作用；另一方面为下一阶段业务开展提出优化改进方法。

财务人员通过充分发挥其专业优势，在业务设计、研究、推广等环节为业务发展提供支持，从财务预算、财务核算到财务分析，与业务部门全方位的融合，不仅确保业务得以规范的展开，更重要的是与业务部门同步工作，及时掌握业务进展，发现问题、解决问题，落实业财融合的全过程合作，包括事前准备、事中监督及事后评价等。

（四）强化业财融合人才培养

为提高工作人员参与业财融合工作的积极性，需要高度重视业财融合人才培养。一是拓展工作人员的晋升渠道，完善与执行奖惩制度，通过奖励措施，提升工作人员的工作潜能与主观能动性。通过阶段奖励、年度奖励等措施，切实提升工作人员的工作自主性。在管理会计与业财融合的工作中，从满足企业一体化的需求出发，注重综合性管理人员的培养，加强对工作人员管理会计思维与管理意识的提高，使其能够以全局性的眼光处理各项工作，实现管理会计理论的高效落实，业务人员既要了解财务知识，也要了解业务过程，从而有效推进业财融合。二是加强团队建设。通过团队建设强化业财融合的氛围，使其能够充分体会到业财融合的意义，进而推动业财融合工作顺利展开。团队人员充分考虑各方主体的需求，共同商讨工作流程与注意事项，优化工作流程。三是完善人才流动机制。让财务人员和业务人员互相轮岗，加强业务部门与财务部门人员的沟通，提升彼此的专业技能，使其相互之间了解对方的工作方式和流程。四是加大对人才的培养教育力度。业财融合工作展开复杂烦琐，对工作人员的综合素质要求较高，企业可以通过定期举办专题培训活动，丰富工作人员的知识结构体系。作为财务人员，应当充分了解业务的工作情况，便于财务能够根据业务特点提供财务支持；业务人员也要对财务知识有所了解，在业务推进过程中，时时刻刻体现财务的合规性和营利性。业务活动与财务管理的融合，是企业在新时代加强经营管理的有效途径。企业通过业财融合，不但可以加强对财务与业务数据的整合，提高数据的有效性，还可以实现财务和业务彼此协同，形成"你中有我、我中有你"的良好局面，在业务开展过程中随时反映经营成果，在财务管理过程中同步规范业务流程，最终实现企业利益最大化的共同目标。

第四节　资本成本决策研究

随着社会主义市场经济的不断发展，我国市场面临各类机遇和挑战，市场竞争越来越激烈。企业要想在激烈的竞争中脱颖而出，就要进行成本管理。企业的投资和融资活动比较频繁，对资本进行有效的管理可以促进企业更好的发展。

一、企业资本成本概述

企业的资本力量决定了企业的经营成败，企业具有丰富的资本，可以提升自身的盈利能力，确保企业的长期健康发展。很多企业不能充分利用资本，在资本使用中产生很多消耗。大量的企业已经开始对资本成本进行控制，并且进行科学的资本决策。然而，个别企业的资本成本决策能力比较差，在资本成本控制上效果不佳。因此，企业要加强资本成本的决策能力，提升资本管理效果，这对企业的长远发展非常必要。资本成本决策对企业来说是在企业综合管理中的重要环节，随着现代企业资本运用频率的提升，资本成本决策的管理价值和意义也在不断提升。任何一项投资活动都要充分考虑资本问题，资本成本是重要的参数。资本成本决策与资本使用密切联系，在决策活动中对项目投资产生深远的影响，尤其是在资本投资环节中，资本成本决策的意义重大。

在企业经营和发展中，资本成本决策对企业投资活动产生关键影响。资本成本决策主要是企业在投资决策过程中，依据资本成本分析结果，选择最合适的方案的过程。通过开展资本成本分析，可以对企业的管理和经营起到指导作用。资本成本决策可以确保企业合理的利用资本，在多项投资和融资活动中起到非常有力的作用。很多企业对成本控制管理非常重视，它可以降低在经营中各类成本的消耗，并结合企业综合发展情况，使企业的资本结构得到优化。

二、当前企业资本成本决策中存在的问题

（一）对资本成本决策的认识不足

很多企业对资本成本决策的认识存在局限性，导致企业不能对资本成本决策进行关注和重视。企业在资本成本决策中，由于忽视各项内容，导致资本成本逐渐增加，企业的资本利用效率不高，获得的利益也更少。在一些中小企业中，资本成本决策的内容几乎没有，企业管理中很少有结合资本成本决策方面的内容。尽管有些企业在经营中尽量控制成本，但是效果非常不好。在很多大型企业中，资本流动频繁，资本成本决策的重要性不容忽视。然而，企业在经营中面临很多压力，企业不能花更多的时间进行资本成本决策，对资本收益周期和收益规模非常关注，但是忽视了决策环节。随着企业的管理理论日渐完善，很多企业开始使

用管理理论，但是还没有充分认识到资本成本决策的内涵。

（二）资本成本决策的参考标准单一

资本成本决策是一个动态的过程，有些企业只是机械地进行资本成本决策分析，导致资本成本决策不能为企业的经营产生积极影响。有些企业在资本成本决策环节，考虑的指标比较单一，导致决策的可行性较差，甚至导致资本成本上升。有些企业在资本成本决策中不能结合资本的流动性特征，习惯性地将银行贷款利率作为资本成本决策的主要依据，导致资本成本决策相关的指标非常有限；在融资活动开展中，资本市场上的资本成本实则对企业资本成本决策产生重要的影响。由此可见，资本成本决策僵化、灵活性不高、结合的标准有待深入。

（三）资本成本决策风险高

资本成本决策是一种结合资本使用的资本成本管理方法，且要结合执行一定的政策，因此我国企业资本成本决策中的风险很高，企业面临的资金问题非常严峻。站在宏观角度分析，资本成本与市场息息相关，它是市场经济体制的重要构成部分，企业在市场经济体制下发展，应该结合外部市场环境进行资本成本决策。如果企业忽视了资本成本决策风险的规避，就会使资本成本决策中具有随意性，甚至会产生错误的资本成本决策。

三、科学优化资本成本决策的对策

(一) 提升对资本成本决策的认识和重视

资本成本决策能力的提升首先要求增强对资本成本决策的认识，高度重视资本成本决策，在意识层面上充分关注，从而使资本成本决策落在企业发展的实处。企业在资本成本决策环节中，应该结合具体的融资和投资活动，站在动态的角度，防止资本成本决策环节出现重复和停滞的问题。资本成本决策尽管是管理层的任务，但也要收集各个部门的信息，将成本决策的内容交给财务部门做财务分析。一般情况下，大型企业要比小型企业更容易获取资源，大型企业一是经营稳定，具有竞争力；二是容易被公众了解，很少会发生信息不对称的问题；三是资本成本决策中产生的风险要比小型公司低。在对企业经营风险分析的基础上，进行资本成本决策。企业的经营风险主要借助经营杠杆系数和结合企业的固定成本来分析，企业的经营杠杆越大，那么企业的盈亏平衡点就越高，企业的安全边际也就越小。如果企业的经营风险非常大，那么企业会要求更高的回报，从而导致资本成本上升。企业的负债比率越高，那么企业面临的财务困境也就越严重，通过债务融资的方式可以起到节税的效果，节约企业的资本成本。在对我国资本结构分析的基础上，企业应该适当地负债，从而降低资本成本。还要对企业偿债能力进行分析，企业的偿债能力越强，企业的财务风险就越小。对企业运营能力进行分析，企业的运营能力越强，企业资本成本决策的风险也就越小；结合企业的盈利能力，企业盈利能力越强，资本成本决策的风险就越小。

（二）全方位进行资本成本决策

资本成本决策不能采用单一的方式，应该参考更多的因素，要对各类影响因素进行分析，提升企业的资本成本决策能力。如果企业采用单一的资本成本决策方式，主要针对商业银行贷款利率，那么企业在经营中的风险就会比较大。因此，企业还应该结合股票价格的变动，扩宽自身的融资渠道，结合企业的经营情况适当地融资。企业在资本成本决策时，应该结合各类外部因素，提升资本成本决策的实效性。企业内部应该建立科学的决策机制，在资本成本决策环节对各类数据进行统筹，结合内部和外部因素，对资本成本决策的效果进行考量。资本成本决策在执行环节受到各类因素的影响，导致资本成本决策的积极效果不能发挥。因此，在资本成本决策实施后，企业要注重执行力的提升，要对资本成本决策执行的环节进行有效的监督。企业应该对资本成本和业绩进行评价，并结合EVA指标的方式，对企业利润进行分析。在建立指标后，分析企业的财务决策、资本预算、价值评估、薪酬体系和管理激励等，从而对企业经营业绩有全面的了解。企业应该对自身税后净营业利润进行分析，结合税后净利润和利息支出环节，减少企业的损益。对资本总额进行计算，资本总额指的是投资者投入企业的金额占据企业全部资金的账面价值，主要分为债务资本和权益资本。债务资本主要是债权人为企业提供的短期贷款和长期贷款，不包括应收账款。权益资本主要是少数股东的利益。因此，在对资本总额计算中，可以减去商业信用负债的数值。

（三）采用内部控制降低资本成本决策的风险

资本成本决策环节会产生各类风险，会对企业的经营产生不良影响，因此，企业在资本成本决策中也要适当的规避风险，减少损失。企业可以通过内部控制建设的方式，对各类风险进行规避，优化决策体系，有效降低人为因素产生的风险。资本成本决策产生的风险常常不能预测，尤其是资本市场处于不断的变动的情况，商业银行的贷款利率变动非常大，导致资本成本决策风险存在诱发性特征。因此，企业应该提升自身的风险管理意识，采取抵御风险的措施，对各类风险因素进行分析，降低风险产生后的负面影响。企业可以对资本结构进行适当的调整，优化企业结构，从而为资本成本决策提供优质的环境。对企业资本成本进行价值评估，从而可以有效的控制风险。随着20世纪80年代以来企业控制权的提升，价值评估的作用也日渐凸显。要对企业资产进行价值评估，应分别评估企业的账面价值、市场价值和公允价值等。在对企业市场价值评估的基础上，通过市盈率的分析，从而对企业的价值进行评估。结合现金流价值评估，从而对折现率进行分析。企业可以通过建立自由现金流量折现模型的方式，对现值模型进行调整。企业通过建立模型对资本成本进行预测，在对财务杠杆、资产规模和盈利分析的基础上，确定企业的资本成本。

（四）采用多元化的资本成本决策方法

资本成本决策的模式和方法对其成果产生的影响非常大。企业要提升资本成本决策能力，就要采用合适的资本成本决策模式，进行决策方法的创新。企业不能仅仅对成功的资本成本决策进行借鉴，还应该在新项目开展中，结合自身的实际情况，对资本成本决策内容进行调整。企业在资本成本决策中，应该对各类方法进行对照，找出最佳的方式。企业在融资中可以结合组合融资的方式，从而降低资金筹集阶段的消耗；通过项目投资分析的方式，提升资本的流动性，从而有效的控制成本。当前很多企业的资本成本决策非常单一，因此要对决策方法进行调整，提升企业的资本成本决策能力。

在企业理财中资本成本是重要的内容，企业应该重视资本成本的决策能力。个别企业对融资成本非常关注，但是却忽视了借贷成本，导致对股权资本成本关注不足，使得企业在融资环节的财务管理水平不高，因此，企业应该提升对资本成本的决策能力，有效的对投资决策和公司业绩进行评估。

第五节　全面预算管理路径

全面预算管理是利用预算对企业内部各部门、各单位的各种财务及非财务资源进行分配、考核、控制，以便有效组织和协调企业的生产经营活动，完成既定的经营目标。全面预算管理作为对现代企业成熟与发展起过重大推动作用的管理系统，是企业内部管理控制的一种主要方法。在市场经济条件下，企业之间的竞争越发激烈，通过建立全面预算管理体系，可以给企业发展提供内生动力，提高企业的竞争力。

一、实施全面预算管理的背景

常言道，凡事预则立，不预则废。全面预算管理作为对现代企业成熟与发展起过重大推动作用的管理系统，是企业内部管理控制的一种主要方法。全面预算反映的是企业未来某一特定期间，一般不超过一年或一个经营周期的全部生产、经营活动的财务计划，它以实现企业的目标利润，即企业一定期间内利润的预计额，作为企业奋斗的目标，以及根据目标利润制定作业指标，如销售量、生产量、成本、资金筹集额等。通常，全面预算以销售预测为起点，进而对生产、成本及现金收支等进行预测，并编制预计损益表、预计现金流量表和预计资产负债表，以反映企业在未来期间的财务状况和经营成果。

二、实施全面预算管理的必要性

全面预算管理作为对现代企业成熟与发展起过重大推动作用的管理系统，是企业内部管理控制的一种主要方法。

企业环境的不确定性和经营的复杂性需要全面的"预算管理"。中国加入WTO以后，异常复杂的国际竞争格局和国内持续深入的改革开放都给企业带来较大的挑战，对企业发展而言，可谓机遇与挑战并存。企业为了实现持续发展，必须采取积极的应对措施。为了实现"企业价值最大化"的战略目标，通过建立全面预算管理体系，可以发现未能预知的机遇和挑战，这些信息通过预算汇报体系反映到决策机构，可以帮助企业动态调整战略规划，提升企业战略管理的应变能力。

现代企业制度下的公司预算，其实质是企业内部各方利益的关系契约，其批准权在股东会，制定权在董事会，执行权在总经理层。企业通过现代法人治理机制，很好地实现了所有权和经营权的分离。作为股东，要使自己的资产增值，就必须用科学的管理手段来激励并约束执行层，全面预算管理体系，就很好地解决了这个问题。

从企业内部管理来看，预算管理是实现标准化管理的有效手段。亨利·明茨伯格提出了协调方式三阶段论，认为企业协调方式经过了相互协调方式、直接监督方式、标准化方式3个阶段。传统的企业经营者把精力全部放在协调和监督上，而预算管理作为一种控制机制和制度化的程序，是企业生产经营活动有序进行的重要保证，也是企业进行监督、控制、审计、考核的基本依据。

三、全面预算管理流程

科学确定预算控制目标，确保企业战略意图得以实现。预算目标的确定是否正确，在很大程度上影响企业预算编制的合理性、预算执行的可控性和预算评价的准确性。明确预算目标是建立预算控制系统的基本原则之一，设置预算目标应该注重企业的长期价值和竞争优势；预算目标应该紧紧围绕着企业战略，一旦企业内外部经营环境发生改变，导致企业战略发生变化，预算目标也必须及时调整。预算目标的确定应该区分层次，应该与企业的管理层次相适应，不同的管理层次应该有不同的预算目标。

构建预算控制组织结构，杜绝内部人控制。现代企业所面临的环境较之以前更加复杂多变，知识资本已成为影响企业价值的重要因素。与环境变化相适应，企业的预算控制组织体系应在原来的基础上进行创新。重新定义预算委员会的职能。传统的预算体制赋予预算委员会过多的职能，这一方面给企业高级管理层的工作带来较大的负担，另一方面又约束了各业务部门的创造性。预算委员会应该把工作重点放在预算目标确定、业绩评价和激励机制建立3个方面，这样才有利于预算委员会投入更多的精力到战略规划以及预算目标与战略规划之间的衔接关系中去,从而提高预算编制和控制过程的效率和效果。突出预算委员会常设机构的地位。将预算委员会常设机构设在财务部门是较为科学的选择。预算委员会必须明确财务部门是负责预算编制、分析和实施控制的主管部门,是预算委员会的办事机构。需要注意的是,财务部门在预算编制、控制和评价过程中除了应用财务信息以外,更重要的是关注那些最影响企业长期经营业绩和战略目标实现的非财务信息。

预算内容要以营业收入、成本费用、现金流量为重点。营业收入预算是全面预算管理的中枢环节,它上承市场调查与预测,下启企业在整个预算期的经营活动计划。营业收入预算是否得当,关系整个预算的合理性和可行性。成本费用预算是预算支出的重点,在收入一定的情况下,成本费用是决定企业经济效益的关键因素,它可以综合反映企业管理的水平。现金流量预算则是企业在预算期内全面经营活动和谐运行的保证,没有准确的现金流量预算,整体预算管理将是无米之炊。只有通过控制现金流量,才能确保收入项目资金的及时回笼及各项费用的合理支出;只有严格实行资金计划管理,充分发挥企业内部财务结算中心的功能,才能确保资金运用权力的高度集中,形成资金合力,降低财务风险,保证企业生产、建设、投资等资金的合理需求,提高资金使用效率。在企业预算管理中,特别是对资本性支出项目的预算管理,要坚决贯彻"量入为出、量力而行"的原则,要充分考虑企业的偿债能力,杜绝没有资金来源或负债风险过大的资本预算。

建立企业预算的责任制。开展全面预算是企业强化经营、增强竞争力、提高效益的一项长期任务，因此要把全面预算作为强化内部的首要工作内容，成立预算组织机构，并确定预算的第一责任人，各分支机构、部门一把手都是相关的预算责任人，切实加强领导，明确责任，落实措施。把预算执行情况与经营者、职工的利益挂钩，奖惩分明，从而使经营者、职工与企业形成责、权、利成为相统一的责任共同体，最大限度的调动经营者、职工的积极性和创造性。

企业全面预算要与资金计划管理相结合。预算控制要以成本控制为基础、现金流量控制为核心。根据年度现金流预算，编制年底资金收支计划，进而分解为季度、月度资金计划，明确每月资金收支目标，主动管理，提高资金使用效率。

企业全面预算要同深化目标成本相结合。预算直接涉及企业的中心目标利润，因此，必须进一步深化目标成本，从实际情况出发，找准影响企业效益的关键问题，瞄准国内外先进水平，制定降低成本、扭亏增盈的规划、目标和措施，积极依靠全员降成本和科技降成本，加强成本、费用指标的控制，以确保企业利润目标的完成。

企业全面预算要同落实制度、提高预算的控制和约束力相结合。有效的预算管理制度，可以提高预算的控制力和约束力。预算一经确定，在企业内部即具有"法律效力"，企业各部门在生产营销及相关的各项活动中，要严格执行，切实围绕预算开展活动。企业的执行机构按照预算的具体要求，按"以月保季，以季保年"的原则，编制季、月滚动预算，并建立每周资金调度会、每月预算执行情况分析会等例会制度。按照预算方案跟踪实施预算控制，重点围绕收入、成本和资金三大主题，严格执行预算政策，及时反映和监督预算执行情况，对存在超支风险的预算指标，要及时启动纠偏机制，严格执行预算的刚性管控，最终形成全员和全方位的预算局面。

要把绩效考核与预算执行情况进行挂钩。建立科学的预算考评体系，实行"严考核、硬兑现"，强化预算约束力。年终对企业各部门预算执行情况进行考核，真正体现科学、客观、公正，充分发挥预算的激励和约束作用。

实施全面预算管理是落实现代企业发展战略的有效工具。有效实施全面预算管理需要企业切实转变观念，构筑以全面预算管理为核心的财务战略管理体系，可以提高企业的战略管理水平。

第三章 管理会计与财务会计的融合

第一节 管理会计与财务会计的关系

管理会计与财务会计密切相关,但在目标、方法和受众等方面存在差异的领域。它们共同构建了组织内部和外部的会计体系,为管理和决策提供了不同层面的信息支持。管理会计和财务会计的目标不同。财务会计的主要目标是提供对组织整体财务状况的记录和报告,以满足外部利益相关者(如股东、债权人、政府、投资者等)的需求,以便他们可以做出决策。财务会计强调信息的准确性和依从性,遵守通用的会计准则和法规。

管理会计更侧重于提供内部管理和决策支持。它的目标是为管理层提供有关组织内部经济活动和资源利用情况的信息,以帮助他们优化资源分配、制定策略、控制成本和提高效率。管理会计强调信息的时效性和适应性,通常根据管理需求定制而非受通用会计准则的限制。管理会计和财务会计的方法和报告方式也存在差异。在财务会计中,报表如资产负债表、损益表、现金流量表等以一定的会计规则和原则编制,以呈现组织的财务状况和经营成果。这些报表通常是为了外部审计和监管而设计，具有一定的格式和标准。

而在管理会计中，信息的形式和内容通常更为灵活，可以根据管理层的需求进行定制。管理会计包括成本分析、预算制定、绩效评估、投资分析等多种工具和技术，以便为管理决策提供更具体的信息。管理会计也更注重内部报告，以便管理层更好地理解和掌握组织的运营情况。受众不同也是管理会计与财务会计的显著区别。财务会计的信息主要面向外部利益相关者，如股东、投资者和监管机构。而管理会计的信息主要服务于组织内部的管理层，包括高管、部门经理和决策者。管理会计信息通常更具体、更详细，以满足内部管理的需求为目的。

管理会计与财务会计虽然在会计领域中密切相关，但它们的目标、方法和受众存在明显差异。财务会计关注外部报告和依从性，而管理会计关注内部决策支持和管理优化。这两者共同构成组织内部和外部的会计体系，为组织的成功和可持续发展提供了不同层面的信息支持。

一、管理会计和财务会计的基本概念

管理会计和财务会计是会计领域中两个核心的概念，它们在会计实践中扮演着不同但互补的角色。财务会计通过一系列会计程序，记录、总结和报告组织的财务交易和经济活动。其核心目标是为了提供有关组织财务状况和经营成果的信息，以供外部利益相关者（如股东、债权人、政府、投资者等）做出决策。财务会计通常遵循会计原则和准则，如权责发生制、历史成本原则和货币计量原则。其主要输出是财务报表，包括资产负债表、损益表、现金流量表和股东权益变动表，这些报表提供了组织财务状况的快照。

管理会计则更注重为内部管理和决策提供信息支持。它是一种定制化的会计体系，致力于为管理层提供有关组织内部经济活动和资源利用情况的信息。管理会计的核心目标是帮助管理者优化资源分配、制定策略、控制成本、评估绩效和做出决策。与财务会计不同，管理会计的信息通常更灵活、更详细，它可以根据管理层的需求进行定制。管理会计工具包括成本分析、预算制定、绩效评估、投资分析和决策支持系统等。财务会计和管理会计还在受众方面存在显著差异。财务会计的信息主要服务于外部利益相关者，如股东和投资者，以满足法律法规和审计要求。管理会计的信息主要服务于组织内部的管理层，帮助他们更好地理解和掌握组织的运营情况，以便其更好地做出战略性和操作性决策。财务会计和管理会计是两个重要但不同的会计概念。财务会计着眼于提供外部报告和满足法律法规的要求，而管理会计关注为内部管理和决策提供信息支持。它们共同构建了组织内部和外部的会计体系，为组织提供了不同层面的信息支持，这有助于实现有效的财务管理和战略规划。

（一）管理会计的定义

管理会计是财务会计的一个重要分支，其设计初衷是为了满足内部管理层的需求，以支持决策制定和资源控制。管理会计不同于财务会计，它更关注内部报告和提供深入的、详细的信息，旨在帮助管理层更好地理解组织的经济活动和资源利用情况，进而更有效地管理组织。

管理会计关注成本信息。它追踪和记录组织的各种成本，包括直接成本（如原材料、劳动力）、间接成本（如间接劳动力、设备折旧）以及固定成本和可变成本等。这些成本信息对决策制定至关重要。管理层需要了解不同成本的构成，以便在制定价格、产品定价和资源分配时做出明智的决策。

管理会计关注利润信息。它分析和报告组织的利润情况，包括毛利润、净利润和各种经济利润指标。管理层需要了解组织的盈利能力，以便评估业务的健康状况，并制定战略和经营计划。管理会计还关注绩效信息。它评估和报告组织的绩效，包括生产效率、销售绩效、员工绩效等方面的数据。这有助于管理层识别问题领域，改善业务流程，提高绩效水平，并制定激励措施。

管理会计关注资源利用信息。它跟踪和报告组织的资源利用情况，包括资本、劳动力和其他资源。管理层需要了解资源的利用效率，以便做出资源分配和投资决策，以最大限度地提高组织效益。最重要的是，管理会计为管理层提供了定制化、详细的信息，以支持决策制定和绩效评估。这些信息通常根据管理层的需求定制，可以包括成本报告、预算和业务分析等。管理会计旨在提供更深入的信息，帮助管理层更好地理解组织内部的经济活动，并采取适当的措施来优化业务运营。管理会计是为了帮助内部管理层做出决策和控制组织资源而设计的会计分支。它关注成本、利润、绩效和资源利用等方面的详细信息，以支持管理层的决策制定和绩效评估，有助于组织更有效地管理其业务和资源。

（二）财务会计的定义

财务会计是一门旨在满足外部利益相关者需求的重要会计分支。其核心任务包括编制财务报表，其中包括资产负债表、损益表和现金流量表等，以向外部利益相关者报告企业的财务状况和经营成果。财务会计的一个重要目标是提供关于企业财务状况的准确和可靠信息。包括企业拥有的资产和负债的详细记录，以及收入和费用的清晰呈现。这种信息对外部利益相关者，特别是投资者和债权人，至关重要。他们需要了解企业的健康状况，以做出投资或借贷的决策。财务会计为外部利益相关者提供企业经营绩效的信息。通过损益表，投资者和股东可以了解企业在特定时期内的盈利能力。现金流量表则提供了企业现金流入和流出的信息，这对债务偿还和投资计划的评估非常重要。财务会计还有助于税务机构监督企业的税务合规性。税务机构需要根据财务报表上报的信息来核实企业的所得税申报，并确保企业按照税法规定缴纳税款。

财务会计为公司的股东提供了对其投资的透明度分析。通过分析资产负债表，股东可以了解他们的股权在企业总资产中的份额。这有助于评估企业的价值和投资回报。财务会计是一个为满足外部利益相关者（如股东、投资者、债权人和税务机构）的需求而设计的会计分支。

它通过编制财务报表,如资产负债表、损益表和现金流量表,向外部利益相关者提供有关企业财务状况和经营成果的关键信息。这些信息对投资决策、债务管理和税务合规性都具有重要意义,为外部利益相关者提供了对企业的透明度和信心。

(三) 区别

管理会计和财务会计在多个方面存在明显的区别,包括目标、受众、时间间隔和报告方式。这些区别反映了它们各自在组织内部和外部的不同角色和职能。

目标不同。目标管理会计的主要目标是为组织内部管理决策提供支持。它关注的是帮助管理者了解和优化组织的运营情况,以实现长期和短期目标。管理会计的数据和报告通常针对特定的管理问题,如成本控制、绩效评估、预算管理等。这使得管理会计更加灵活,能够适应不同的管理需求。财务会计则更专注于为外部利益相关者提供信息。其主要目标是编制财务报表,以满足股东、投资者、监管机构等外部受众的需求。财务会计需要遵循一致性的会计准则和法规,以确保报告的准确性和可比性。因此,它的报告方式更加标准化,通常以年度为单位进行。

受众不同。管理会计的主要受众是内部管理层和部门,他们需要财务信息来做出战略决策、资源分配和绩效评估。财务会计的受众包括外部利益相关者,如股东、潜在投资者、债权人和监管机构,他们依赖财务报表来评估组织的财务状况和经营成果。

时间间隔也不同。管理会计通常涉及短期决策和操作性问题，因此其时间间隔较短，可以涵盖小时、天、周或月。财务会计涉及更长期的财务报告，通常以年度为单位，以便提供全年的财务概览和比较信息。

报告方式存在差异。管理会计报告通常是定制化的，根据管理层的具体需求和问题而灵活调整。报告可以包括各种成本、效益和绩效指标，以满足管理决策的要求。财务会计报告则遵循一致性的会计准则，包括资产负债表、损益表和现金流量表等标准财务报表。

管理会计和财务会计在目的、受众、时间间隔和报告方式等方面存在的区别反映了它们各自的职能和角色，管理会计更注重内部管理决策，而财务会计更专注于外部报告和合规性。这两个领域在组织中发挥着不可或缺的作用，共同为组织的成功和可持续增长提供支持。

二、管理会计在决策和控制中的应用

管理会计在企业中的应用至关重要，它主要用于支持决策制定和内部控制。管理会计通过提供准确的财务信息、成本分析和预测数据，帮助管理者更好地理解和管理组织的经济活动。管理会计在决策中的应用包括制定战略决策、产品定价、资源分配和市场扩展等。管理会计通过收集和分析财务数据，帮助管理者识别潜在的机会和风险，制定战略方向。如，通过成本分析，管理会计可以帮助企业确定最佳的成本结构，制定定价策略，以提高竞争力。管理会计用于内部控制，以确保组织的经济活动合规、高效和可持续。管理会计可以追踪和监控资源的使用情况，包括人力资源、资本和物料。这有助于管理者确保资源的合理分配，降低浪费，提高生产力。管理会计还可以制定预算、设定绩效指标和监控实际绩效，以确保组织达到预期目标。

管理会计在项目管理中发挥了关键作用。它可以用于估算项目成本、计划资源分配和监控项目进度。管理会计为项目经理提供了决策支持，帮助他们在项目执行过程中做出适当的调整和决策，以确保项目按计划顺利完成。管理会计还涉及绩效评估和绩效改进。通过制定绩效指标和比较实际绩效与预期绩效，管理会计可以帮助组织识别问题领域，并制定改进措施。这有助于持续改进组织的运营效率和质量。管理会计在企业中的应用对决策制定和内部控制至关重要。它为管理者提供了有关经济活动的关键信息，帮助他们制定战略、合规运营、提高生产力和管理项目。管理会计的应用有助于组织更好地适应不断变化的商业环境，以取得竞争优势，实现长期成功。

（一）决策支持

管理会计作为决策支持的工具在组织内部扮演着至关重要的角色。它通过分析各种关键数据和信息，为管理层提供了深刻的洞察，帮助他们做出战略性和操作性决策，以优化组织的绩效和效率。管理会计分析成本信息。它追踪和记录不同成本项目的构成，包括直接成本、间接成本、固定成本和可变成本等。通过对成本的详细分析，管理会计可以帮助管理层确定产品或服务的制造成本,从而支持产品定价策略的制定。管理层可以利用这些成本信息来确定最具竞争力的价格,以在市场中取得优势。管理会计分析效益和利润信息。它评估不同产品、项目或业务单元的效益,帮助管理层确定哪些方面的业务活动对组织的利润贡献最大。这种分析有助于资源的优化分配,使管理层能够专注于高利润的业务领域,同时减少或改进低利润的领域。

管理会计还关注投资回报率。它可以评估不同投资项目的潜在回报,并帮助管理层决定是否进行投资。这种分析可以涵盖新产品开发、市场扩张、设备升级等各种投资决策。通过比较不同项目的潜在回报,管理层可以做出明智的投资决策,以最大限度地提高资本的使用效率。管理会计支持市场分析。它提供了关于产品销售、市场份额和客户需求等方面的信息,帮助管理层了解市场趋势并做出相应的战略决策。这种信息有助于组织调整产品组合、开发新市场、制定营销策略和应对竞争。管理会计作为决策支持的工具,通过分析成本、效益、利润、投资回报率等数据,为管理层提供了关键信息,帮助他们在不同领域做出明智的战略和操作性决策。管理会计的分析和报告有助于组织优化资源利用、提高绩效、实现可持续发展,并在竞争激烈的商业环境中取得成功。

(二)控制和绩效评估

管理会计在组织内部的资源和绩效控制中发挥着关键作用。它为管理层提供了有力的工具,帮助他们有效地管理和监控组织的运营情况。

管理会计允许管理层比较实际绩效与预算。通过制定年度预算，组织能够明确规划资源的分配和目标的设定。管理会计负责跟踪实际绩效数据，包括收入、费用、利润等，然后与预算进行比较。这种比较有助于管理层识别偏差和异常，进而采取适当的行动来纠正问题。如果实际绩效低于预算，管理层可能需要削减开支或寻找增收机会，以保持财务健康。

管理会计支持制定绩效指标。为了评估组织的运营状况，管理层需要明确定义和跟踪关键绩效指标，包括生产效率、质量标准、客户满意度等。管理会计负责开发和维护这些绩效指标，确保它们与组织的战略目标一致。通过监控绩效指标，管理层可以了解组织在不同方面的表现，及时识别问题并采取改进措施。管理会计有助于监控关键绩效指标。除制定绩效指标外，管理层还需要实时监控这些指标的变化趋势。管理会计系统通常提供实时数据和报告，使管理层能够随时查看关键绩效指标的情况。这使他们能够迅速做出反应，及时纠正问题，以确保组织朝着目标前进。

管理会计促进绩效改进。通过不断监控和评估绩效，管理层能够识别成功的实践和需要改进的领域。这鼓励组织采取积极措施，改善流程、提高效率和提高质量，以适应不断变化的市场和竞争环境。管理会计在组织内部的资源和绩效控制中发挥了关键作用。它通过比较实际绩效与预算、制定绩效指标、监控关键绩效指标和促进绩效改进，帮助管理层有效地管理和监控组织的运营情况。管理会计是实现组织目标和提高竞争力不可或缺的工具。

(三) 预算编制

预算编制是管理会计领域的一个关键应用,它在组织内部的规划和资源管理中扮演着重要的角色。管理会计为管理层提供了关于资源分配和成本控制的数据和工具,以帮助实现组织的长期和短期目标。预算编制是一种重要的规划工具。通过管理会计的支持,管理层可以制定年度预算,明确组织在财务和运营方面的目标和计划。预算为组织提供了框架,有助于确定资金分配、项目优先级和战略方向。它允许管理层在未来一年内对资源的使用进行计划和协调,以确保组织的发展和增长符合战略目标。

管理会计可以提供关于资源分配的数据和建议。预算编制过程涉及对各项支出和收入的估算,管理会计通过提供历史数据和趋势分析,以支持这些预算的制定。管理会计还可以帮助管理层识别资源的最佳分配方式,以最大化效益来确保资源的充分利用。预算编制也是成本控制的重要手段。管理会计可以帮助管理层识别潜在的成本节约机会,并提供成本控制策略。通过设定预算限制和成本控制措施,组织可以确保在预算周期内有效地管理和控制支出,避免浪费和超支。

管理会计还可以促进绩效评估和目标追踪。一旦预算制定完成,管理层可以使用管理会计的数据来跟踪实际绩效与预算之间的差距。这有助于及时识别问题并采取纠正措施,以确保组织在预算期间达到目标。

预算编制是管理会计的一个重要应用，它有助于管理层规划和分配资源，控制成本，实现组织目标。管理会计通过提供数据和工具，可以帮助管理层在不断变化的商业环境中做出明智的决策，确保组织的长期成功和可持续增长。因此，管理会计在预算编制过程中发挥着至关重要的作用，为组织提供了有效的管理和规划工具。

三、管理会计与财务会计的互补性

管理会计和财务会计是两个在组织内部发挥互补作用的重要领域。它们共同为管理者提供了不同但互相关联的信息，以支持有效的决策制定和组织管理。管理会计关注内部决策和控制。它的重点在于提供有关组织内部运营和经营成果的信息，以便管理者可以更好地规划、监控和改进业务流程。管理会计包括成本会计、预算管理、绩效评估等方面的内容，旨在帮助管理者了解资源利用情况、成本结构、生产效率和员工绩效。这种内部导向的信息对优化资源分配、改进生产效率和制定战略计划至关重要。

财务会计则关注外部报告和财务信息披露。它的目标是提供给外部利益相关者，如股东、投资者、监管机构等信息，以评估组织的财务状况和经营成果。财务会计涉及资产、负债、所有者权益、利润损失等方面的报告，强调合规性和透明度。这种外部导向的信息对投资决策、融资、税务申报和法律合规性至关重要。这两个领域之间存在紧密的互补性。管理会计提供了内部数据,可以为财务会计提供支持。如,成本会计和预算管理为财务会计提供了计算成本和制定财务预测所需的数据。管理会计还可以帮助识别与运营有关的风险和机会,这些信息可以影响财务报告和外部财务决策。

财务会计的外部报告也可以为管理会计提供有价值的信息。外部财务报告可以反映组织的整体健康状况,这有助于管理者更好地了解其市场地位和竞争力。外部报告中的关键绩效指标也可以与内部绩效数据相互比较,帮助管理者评估组织的整体表现。管理会计和财务会计是互补的,它们共同构成组织内部和外部信息的完整生态系统。管理会计为内部决策和运营提供支持,而财务会计用于外部报告和财务信息披露。这两个领域的数据和信息相互交汇,有助于管理者更好地了解组织的经营成果、风险和机会,更有效地制定决策和管理组织。因此,管理会计和财务会计之间的互补性是组织成功和可持续增长的关键要素之一。

(一)互补性

管理会计和财务会计在会计领域中不是相互竞争的关系,而是相互互补的两个重要分支。它们各自服务于不同的目标和受众,共同构建组织的全面会计信息体系。管理会计和财务会计各自关注不同的信息需求。管理会计的主要受众是内部管理层,其目标是为管理层提供详细、深入的信息,以帮助他们做出决策、规划战略、控制资源和优化绩效。管理会计通过提供成本、效益、利润、绩效等方面的信息,满足内部管理的需要。

财务会计则主要服务于外部利益相关者,如股东、债权人、监管机构和投资者等。其核心任务是提供合规性和可比性的财务报表,以满足法律法规和审计要求。财务会计强调对会计准则和规范的遵守,以确保报表的准确性和可信度。这种合规性有助于外部利益相关者评估组织的财务状况和经营成果,支持投资决策和监管。管理会计和财务会计的信息具有不同的特征。管理会计的信息通常更为灵活和定制化,可以根据管理层的需求进行调整和精细化分析。它关注细节,通过提供更深入的分析,帮助管理层更好地理解组织内部的经济活动。而财务会计的信息更加标准化,追求合规性和可比性,通常不涉及深入的细节分析,主要用于外部报告。

最重要的是,管理会计和财务会计共同构成了组织的全面会计信息系统。管理会计提供了内部管理所需的数据和信息,以支持组织的日常经营和决策。财务会计提供了向外界传达组织财务状况的手段,确保透明度和可信度,维护了外部利益相关者的可信度。管理会计和财务会计不是竞争关系,而是互补关系。它们各自服务于内部和外部的不同需求,为组织提供了不同层面的会计信息支持。这种协同作用有助于组织更好地实现内部管理和外部报告的目标,确保了会计信息的全面性和有效性。管理会计和财务会计的共同存在为组织提供了坚实的会计基础,支持其成功和可持续性发展。

(二) 数据一致性

管理会计和财务会计虽然在报告重点和方法上存在差异，但它们之间共享一些共同的数据和信息源。这使数据的一致性和准确性在两个领域之间变得至关重要，保证了内外部报告的一致性和可靠性。管理会计和财务会计都需要访问和使用相同的财务数据源，如企业的总账、交易记录和财务报表。这些数据包括资产、负债、收入、费用等关键财务要素。财务会计使用这些数据编制标准的财务报表，如资产负债表和损益表，以向外部利益相关者报告企业的财务状况和经营成果。而管理会计则使用这些数据来支持内部管理决策，如成本分析、预算制定和绩效评估。

数据的一致性对内外部报告的准确性至关重要。如果内部管理会计数据与外部财务会计数据不一致，将导致混淆和不信任。如，如果公司在内部管理会计中记录了不同的收入和费用数字，与外部财务报表不符，这可能引发财务丑闻或法律问题。因此，确保数据在两个领域之间的一致性非常重要。数据的准确性对正确的决策制定和财务报告至关重要。管理会计依赖于准确的数据来进行成本分析、业务绩效评估和预算制定。如果数据存在错误或不准确，将导致错误的决策和投资，会对企业造成损害。同样，财务会计数据的准确性对投资者和监管机构提供准确的财务信息至关重要，它可以维护市场的信任和透明度。

数据的一致性和准确性要求建立严格的内部控制和审计机制，以确保数据的可靠性。企业需要确保财务数据的记录、处理和报告都遵循一致的会计准则和内部政策。内部审计团队扮演着重要角色,负责监督数据的准确性和一致性,并识别和解决潜在问题。管理会计和财务会计虽然在报告目标和方法上存在差异,但它们共享一些数据和信息源。因此,数据的一致性和准确性对确保内外部报告的一致性和可靠性非常重要。企业需要建立严格的内部控制和审计机制,以确保数据的可靠性,并维护市场的信任和透明度。

(三)综合视角

组织可以从综合管理会计和财务会计的视角中获得双重受益,这两个领域为组织提供了不同但互补的信息,有助于更全面地理解和管理组织的经营成果和财务状况。管理会计提供了更多的细节和操作性信息。管理会计关注组织内部的运营和决策,提供了关于成本、效益、绩效和资源利用情况的详细数据。这些信息对管理层来说至关重要,可以帮助他们更好地理解组织的内部运作,并采取针对性的措施来提高效率、降低成本以及优化资源分配。管理会计数据有助于识别问题、制定改进策略,并支持日常决策,从而提高了组织的运营效率。

财务会计为组织绩效提供了更全面的视角。财务会计关注的是外部报告和财务信息披露,提供有关组织财务状况的概述,包括资产、负债、利润和现金流等方面的信息。这些报告通常遵循一致性的会计准则,具有高度可比性,可供外部利益相关者(如股东、投资者、监管机构)使用。财务会计数据为组织的长期健康状况提供了评估基础,有助于吸引投资、融资和维护信誉。它还可以用于税务申报和法律合规性。

将管理会计和财务会计的信息综合在一起,组织可以实现更全面的绩效评估和决策制定。管理会计提供了高深的分析内部运营,这有助于改进和优化组织的运营,而财务会计提供了外部财务状况的全局视角,有助于满足外部利益相关者的需求。这种综合视角使组织能够更全面地理解自身的状况,更好地制定战略计划,并更有效地应对内外部挑战。管理会计和财务会计的综合视角为组织提供了更全面的信息,有助于更好地管理和规划。管理会计提供了操作性和细节信息,财务会计提供了全面性和可比性信息,两者共同为组织的成功和可持续增长提供了支持。这种综合视角有助于组织更好地满足内部和外部利益相关者的需求,以实现综合绩效的提升。

第二节 管理会计与财务会计融合

管理会计和财务会计是两个在企业中起不同作用但互相关联的领域。管理会计主要关注帮助内部管理者做出决策,以实现组织的战略目标和优化资源利用,而财务会计主要关注为外部利益相关者提供财务信息,以评估企业的财务状况和经营成果。尽管它们有不同的关注点和目标,但管理会计和财务会计在某些方面可以融合,以更好地支持组织的综合管理。管理会计和财务会计可以共享相同的数据源。企业的财务数据通常是财务会计的主要来源,但这些数据也可以用于管理会计。通过共享数据源,内部管理者可以基于财务信息制定战略决策,并监控执行计划的实际绩效。管理会计和财务会计可以共享一些工具和技术。如,财务会计使用财务比率来评估企业的健康状况,而管理会计可以使用相同的财务比率来分析内部绩效和效率。这种共享工具和技术有助于确保内部管理者和外部利益相关者之间的一致性和透明度。

  管理会计和财务会计可以相互补充。财务会计提供了企业整体的财务状况和经营成果的总体概况,而管理会计可以提供更详细和精细化的数据,以帮助内部管理者深入了解不同部门和项目的绩效。这种互补关系有助于其更全面地理解企业的运营状况。融合管理会计和财务会计可以促进绩效管理。绩效管理涵盖战略目标、计划制定、执行和监控的全过程,这需要管理会计和财务会计的支持。通过融合这两个领域,企业可以更好地实施绩效管理,追踪目标的实现情况,并进行必要的调整。管理会计和财务会计虽然有不同的职责和关注点,但它们可以在企业内部进行融合,以实现更全面的综合管理。共享数据、工具和技术,相互补充和支持,有助于提高企业的决策质量和绩效管理效率。管理会计与财务会计的融合将有助于企业更好地适应复杂多变的商业环境,取得竞争优势。

一、管理会计和财务会计的融合趋势

管理会计和财务会计的融合是当前会计领域的趋势所在，它反映了组织对全面综合的会计信息需求以及其给与的支持管理和决策。管理会计和财务会计的融合强调了信息的一致性和连贯性。组织意识到财务会计和管理会计之间的分隔可能造成信息的不一致或矛盾的产生，便越来越多地采用一致的会计原则和方法来处理财务信息。这样，内外部的各种利益相关者就都能更容易地理解和比较组织的财务状况和经营成果。

融合趋势强调了管理会计在财务决策中的重要性。管理会计不再仅仅是为了内部管理而存在，它对财务决策和财务战略制定也至关重要。财务会计和管理会计之间的信息交流越来越频繁，以确保财务决策能够更好地考虑组织内部的经济活动和资源利用情况。融合趋势提倡更多的数据驱动决策。随着大数据技术的发展，管理会计和财务会计都能够更好地利用数据分析来支持决策。这意味着管理会计和财务会计之间的信息流动不仅更加频繁，而且更加依赖数据和分析，以便提供更准确和全面的信息。

融合趋势还强调了透明度和责任。组织越来越重视透明度，希望向内外部利益相关者提供更全面的信息，以满足监管要求和社会责任。管理会计和财务会计的融合有助于实现更高水平的透明度，也有助于提高组织对财务管控的有效性。管理会计和财务会计的融合趋势是为了更好地满足组织管理和决策的需求，以及更好地满足内外部利益相关者的信息需求。这种趋势反映了会计领域的不断演进，以适应现代商业环境中日益复杂的需求。管理会计和财务会计之间的融合将继续推动会计实践的发展，为组织提供更强大的会计信息支持，以促进其持续的成功和可持续性发展。

（一）背景和动机

现代组织在竞争激烈的商业环境中面临着前所未有的复杂性和多样性挑战。在这个信息爆炸的时代，组织需要更全面、实时和可操作的信息，以应对市场变化、管理风险，优化资源利用和做出明智的决策。正是基于这些需求，管理会计和财务会计的融合形成了一种迫切的趋势。融合管理会计和财务会计可以提供更全面的信息。管理会计关注内部管理需求，它提供了深入的、详细的信息，但通常与财务报表分开。而财务会计关注合规性和可比性，提供了标准化的财务报表，但通常不包括深度的内部分析。通过融合这两种会计方法，组织可以获得更全面的信息，既包括内部管理所需的详细数据，又包括外部报告所需的合规性信息。

融合可以提供更实时的信息。现代商业环境发展迅速，决策需要基于最新的数据和趋势。管理会计通常能够更及时地收集和分析内部数据，但财务会计通常需要更长的时间来准备财务报表。通过融合，可以实现更快速的信息传递和报告，从而使管理层能够更迅速地做出反应性决策。融合还能提供更可操作的信息。管理会计强调为管理层提供实用的、可操作的洞察，以支持决策制定和资源控制。通过将管理会计的方法和工具与财务会计的合规性结合起来，可以创造出更具操作性的信息，这有助于管理层更好地理解业务和采取行动。

融合管理会计和财务会计有助于消除信息孤岛。在传统模式下，管理会计和财务会计通常分开运作，导致信息孤岛产生，使组织内外的信息流动受限。融合可以消除这种信息孤岛，促进信息的共享和协作，使组织能够更综合地应对挑战。管理会计和财务会计的融合是为了满足现代组织更全面、实时和可操作的信息需求而兴起的趋势。这种融合可以提供更全面、实时和可操作的信息，可以帮助组织更好地应对复杂多变的商业环境，实现更好的管理和决策效果。融合管理会计和财务会计有助于组织提高竞争力，迎接未来的挑战。

（二）报告一体化

融合管理会计和财务会计的报告过程，将内部决策支持报告与外部财务报告整合在一起，是一种有助于提高信息一致性和可比性的体现。综合性报告系统有助于提高信息一致性。通过整合内部决策支持报告和外部财务报告，可以确保使用相同的数据源和会计准则，降低数据不一致性的风险。这有助于确保内外部报告的一致性，使外部利益相关者（如投资者和监管机构）能够更容易理解企业的财务状况和经营成果。

综合性报告系统有助于提高信息可比性。由于内部决策支持报告和外部财务报告使用相同的数据和标准，不同时间点和不同部门的报告都可以进行比较。这使得管理层能够更好地跟踪绩效趋势，识别问题和机会，并采取适当的行动。综合性报告系统提供了更全面的信息。它不仅包括传统的财务报表数据，还包括与内部管理决策相关的数据，如成本分析、绩效指标和预算信息。这为管理层提供了更全面的洞察，有助于其更好地了解企业的运营情况。综合性报告系统促进了有效的内部沟通。它使不同部门和团队能够共享数据和信息，加强了内部合作和协调。这有助于提高决策制定的效率和质量。

综合性报告系统有助于提高企业的整体绩效。通过将内部决策支持报告与外部财务报告整合在一起，管理层能够更好地了解企业的财务和经营情况，进而制定战略和计划，提高竞争力和可持续性。综合性报告系统是一种有助于提高信息一致性和可比性的方法，将管理会计和财务会计的报告过程整合在一起，可以提供更全面、更准确的信息，有助于内外部利益相关者更好地了解企业的财务状况和经营成果，并促进有效的内部沟通和更好的决策制定。这有助于企业在竞争激烈的市场中取得成功。

（三）数据共享和技术支持

技术的进步和数据分析工具的发展为管理会计和财务会计之间的数据共享方面创造了新的机会，数据共享可以极大地促进组织的绩效管理和决策制定，为未来趋势的预测提供支持。技术的进步使数据的收集和存储变得更加高效和便捷。组织可以利用现代数据采集系统和数据库技术汇集来自各个部门和业务单元的数据。这意味着管理会计和财务会计所需要的信息可以更容易地整合和共享，而不再受数据分散和孤立的限制。

数据分析工具的发展提供了更强大的数据处理和分析能力。如今，组织可以利用先进的数据分析工具，如数据挖掘、机器学习和人工智能，来探索大规模数据集，发现隐藏的模式和关联，从而更深入地理解其绩效和运营。这些工具使管理会计和财务会计能更全面地评估业务情况，识别问题并找到解决方案。实时数据共享和报告变得更加容易。云计算和在线协作工具使组织能够实时共享、访问财务和管理数据。这意味着管理层可以随时查看最新的绩效指标和财务报告，而不必等待传统的周期性报告。这有助于其更快地做出决策，及时采取行动以应对市场变化和竞争挑战。

数据共享也促进了跨部门和跨功能团队之间的合作。管理会计和财务会计的数据可以共享给不同部门的决策者和执行者，使他们能够更好地协同工作，共同追求组织目标。这种合作有助于加强内部沟通和协调，提高组织的整体绩效。技术的进步和数据分析工具的发展已经改变了管理会计和财务会计之间的数据共享方式。这种数据共享使组织更好地理解其绩效，预测未来趋势，并更快地做出决策。通过充分利用现代技术和工具，组织可以更加灵活地应对不断变化的商业环境，实现更高效协调的管理和决策制定。这为组织的长期成功和竞争优势提供了强大支持。

二、融合的优势和价值

融合在不同领域中具有显著的优势和价值。融合是将不同的元素、方法或思想结合在一起,进而创造更全面、更有效的解决方案。

融合能够促进创新。通过将不同领域的知识和想法融合在一起,可以创造新的思维模式和方法,从而激发创新和创造力。融合使人们能够跨越传统边界,将看似不相关的概念融合在一起,产生新的见解和解决方案。

融合可以提高问题解决的效率。不同领域的专业知识和技能可以相互补充,从而加快问题解决的速度。融合使团队能够充分利用各自的专长,共同努力解决复杂的问题。这种协同合作有助于提高效率和质量。

融合有助于应对复杂性和多样性。现代世界充满了复杂和多样的挑战,这需要多方面的知识和方法。融合允许不同领域的专家和从业者汇集他们的力量,共同解决这些复杂的问题。这种跨领域的合作有助于更好地理解问题的各个方面。

融合可以提高决策的质量。当不同领域的知识和观点融合在一起时,决策制定者能够更全面地评估各种选项和影响因素。这有助于其做出更明智、更全面的决策,减少决策中的盲点和误差。

融合可以创造多样性和包容性。它可以将不同文化、背景和观点融合在一起,促进多样性和包容性。这有助于打破偏见和局限性,创造更具创造力和包容性的环境。融合在不同领域中具有广泛的优势和价值，可以促进创新、提高效率、应对复杂性、提高决策质量，并创造多样性和包容性。融合是现代社会和企业成功的关键因素之一，它有助于创造更具竞争力和可持续性的未来。

（一）提高决策质量

通过融合管理会计和财务会计，组织可以实现更全面、深入的财务分析，更好地了解其财务状况和经营成果。这样的深度了解为组织内部的管理层提供了关键洞察，有助于他们更明智地制定战略性和操作性决策。融合管理会计和财务会计可以提供更全面的财务信息。管理会计关注内部成本、效益和资源利用等方面的详细数据，而财务会计提供标准化的财务报表，包括资产负债表、损益表和现金流量表。通过融合这两种信息来源，组织可以获得全面的财务信息，不仅包括财务报表的合规性数据，还包括深入的内部成本和效益信息，从而使管理层能够更全面地了解财务状况。

融合可以帮助组织更好地追踪业务绩效。管理会计提供了有关各种业务活动的详细信息，包括产品成本、销售绩效、生产效率等方面的数据。这些信息可以用来监测和评估业务绩效，帮助管理层识别问题领域和机会，从而制定相应的战略和操作性决策。财务会计的合规性信息则用于验证和确认这些内部绩效数据的准确性。融合还有助于制定更具操作性的决策。管理会计提供了有关成本、效益、资源利用等方面的数据，使管理层能够更好地理解业务流程和资源分配情况。这有助于制定更具操作性的决策，如成本控制、生产计划和市场战略等。财务会计的数据则用于确保这些决策的合规性和财务可行性。通过融合管理会计和财务会计，组织可以实现数据的一致性和完整性。这意味着内部和外部报告的数据将一致，可以减少数据不匹配和错误的可能性。这种一致性有助于提高组织的财务透明度，维护外部利益相关者的可信度，并确保内部管理层能够基于准确的信息做出决策。

融合管理会计和财务会计使组织能够更全面地了解其财务状况和业务绩效。这有助于管理层更明智地制定战略性和操作性决策，从而增强组织的竞争力，提高绩效，并实现长期成功。这种融合成为现代组织管理中的重要趋势，有助于其更好地适应复杂多变的商业环境。

（二）资源优化

融合管理会计和财务会计的报告过程可以在多个方面帮助组织更有效地分配和管理资源，减少重复性工作，提高运营效率，并降低成本。融合可以消除重复的数据录入和报告工作。在传统的管理会计和财务会计体系中，可能存在多个数据输入点，需要多次录入相同的信息。这不仅费时费力，还容易出现数据错误。通过整合报告过程，数据可以在一个系统中进行录入，并自动在不同报告中使用，减少了重复的工作，提高了数据的准确性。

融合可以提高资源的分配效率。管理会计通常涉及对资源的分析和评估，以支持决策制定。通过与财务会计数据的整合，管理层可以更准确地了解资源的使用情况，并做出更明智的决策。这有助于优化资源分配，确保资源用于最有利于组织的方式。

融合可以加强内部控制。由于数据在一个系统中进行集成和共享，可以更容易地建立内部控制机制，监督数据的完整性和安全性。这有助于降低数据泄露和不当访问的风险，提高了数据的可靠性。融合还提高了决策的速度和质量。管理层可以更迅速地访问和分析数据，做出及时的决策。数据的一致性和准确性也有助于更好地支持决策制定，降低了决策的风险。

融合可以降低成本。通过减少重复的工作、提高资源分配效率和加强内部控制，组织可以降低运营成本。更好的决策和资源优化也可以降低成本，并提高组织的整体绩效。融合管理会计和财务会计的报告过程有助于组织更有效地分配和管理资源，减少重复的工作，提高运营效率，并降低成本。这对组织的可持续发展和竞争力提供了重要支持，使其能够更好地应对市场的挑战和机遇。这是一项战略性的举措，可以在组织各个层面产生积极的影响。

（三）提升透明度

融合管理会计和财务会计可以显著提高组织的透明度，这对内部和外部利益相关者非常重要。透明度是建立信任和增强组织声誉的关键因素，通过融合，组织可以更容易地向各方展示其财务状况和经营成果。

对内部利益相关者而言，融合可以促进组织内部的透明度。管理层、部门领导和员工可以更轻松地访问财务和管理数据，了解组织的运营情况和绩效表现。这有助于加强内部沟通和协作，使各级管理人员能更好地了解业务的挑战和机会。管理会计提供了操作性和细节信息，财务会计提供了全局的财务视图，融合后，内部利益相关者可以更全面地了解组织的综合情况。

对外部利益相关者而言，融合提供了更全面的财务披露和信息透明度。外部利益相关者，如股东、投资者、债权人和监管机构，通常依赖于财务报表来评估组织的财务状况和经营成果。通过融合管理会计和财务会计的数据，组织可以提供更丰富、详细和可比性的财务信息。这增强了外部利益相关者对组织的信任，使他们更容易理解组织的运营情况，更有信心与组织合作或投资。融合还有助于满足法律和合规性要求。许多监管机构和法规要求组织提供详细的财务和管理信息。通过融合，组织可以更容易地满足这些要求，确保其合规性，并降低潜在的法律风险。融合管理会计和财务会计可以显著提高组织的透明度，使内部和外部利益相关者更容易理解组织的财务状况和经营成果。这不仅增强了其对组织的信任，还有助于更好地满足合规性要求，为组织的可持续增长和成功打下坚实的基础。透明度是组织与其利益相关者之间建立稳固关系的关键，通过融合，组织可以更好地满足各方的信息需求，增强与外界的合作和交流。

三、融合的挑战和实施策略

融合管理会计和财务会计涉及一系列挑战,但也有一些实施策略可以帮助组织成功应对这些挑战。

数据整合和一致性是融合的主要挑战之一。管理会计和财务会计的数据通常来源不同,格式和标准也可能不同。为了实现融合,组织需要投入大量工作来确保数据的一致性和准确性。实施策略包括建立数据标准化流程和采用一致的数据分类方法。文化和组织结构的差异也可能阻碍融合的成功。管理会计和财务会计通常在不同的部门或职能之间运作,他们可能有不同的工作方式和文化。解决这一挑战的策略包括促进跨部门合作和建立共同的目标,以确保信息共享和协作。

另一个挑战是技术基础设施的兼容性。组织可能需要升级或整合其信息技术系统,以支持管理会计和财务会计数据的无缝传递。实施策略包括投资适当的技术解决方案和确保系统的互操作性。融合还可能涉及人员培训和意识的提高。员工需要具备管理会计和财务会计的知识和技能,以理解数据和利用它们做出决策。实施策略包括提供培训机会和建立知识共享文化等。

融合需要明确的战略和领导支持。组织需要定义明确的融合目标和愿景,并保证高层领导的承诺和支持。实施策略包括建立明确的融合计划,并确保其与组织的整体战略一致。融合管理会计和财务会计可能面临多个挑战,但通过采用适当的实施策略,组织可以成功应对这些挑战。融合有助于提高组织的决策制定和绩效管理能力,为未来的成功和可持续增长奠定坚实的基础。

(一) 数据一致性和准确性

融合管理会计和财务会计确实面临一些关键挑战,其中数据一致性和准确性是最为重要的。管理会计和财务会计使用不同的数据源、计算方法和分类系统,这就导致数据不一致。为了解决这一问题,组织需要建立一套共享的数据标准和定义,确保不同部门和功能之间使用相同的数据,以避免数据冲突和不一致性。数据准确性也是关键问题。不准确的数据可能导致错误的决策和不准确的报告。为了确保数据的准确性,组织需要建立有效的数据验证和审计程序,定期检查和校准数据,同时培训员工以提高数据录入的准确性。

数据安全性也是一个重要问题。管理会计和财务会计涉及敏感的财务信息,必须确保这些信息受到适当的安全保护。组织需要采取措施来保护数据的机密性和完整性,包括加强访问控制、数据加密和安全审计。融合管理会计和财务会计通常涉及不同的信息系统和工具。为了确保数据的顺畅流动和一致性,组织需要投资适当的技术集成和数据接口开发。虽然这可能需要大量的资源和时间,但是却是融合成功的关键。人员培训和文化变革也是挑战之一。员工需要适应新的流程和方法,同时也需要理解融合的重要性。组织需要提供培训和支持,以确保员工备必要的技能和意识,并积极参与到融合过程中。

确保管理会计和财务会计的数据一致性和准确性是融合过程中必须解决的关键挑战。这需要建立共享的数据标准、数据验证和审计程序、数据安全措施、技术集成,以及员工培训和文化变革。只有在这些问题得到有效解决的情况下,融合才能成功实施,才能为组织提供更全面和准确的信息支持。这将帮助组织更好地应对复杂多变的商业环境,做出更明智的决策,并取得长期的成功。

(二) 文化和组织变革

融合管理会计和财务会计的报告过程可能需要文化和组织变革,以确保两个团队能够有效协作,并确保以组织的整体利益为导向。这种变革是为了实现融合的顺利进行和实现最大化的效益,这对融合的成功至关重要。管理会计和财务会计团队可能具有不同的工作文化、价值观和目标。在融合的背景下,组织需要建立共同的文化,以确保协作、信息共享和团队合作。这可能需要培养一种文化,鼓励开放的沟通和知识分享,以确保所有团队成员都能够积极参与并共同追求组织的目标。组织变革可能涉及重新设计业务流程和角色。融合可能会导致一些工作重叠,或者需要重新分配职责和任务。为了确保管理会计和财务会计团队能够高效协作,组织需要重新审视业务流程,明确定义各个团队的职责和角色,并确保他们相互衔接。这可能需要进行培训和发展计划,以帮助团队成员适应新的工作方式和明确责任。

领导层的支持和引导也是关键因素。高层管理层需要积极推动融合计划，明确传达其战略目标和重要性。他们应该作为榜样，展示协作和跨部门合作的重要性，并鼓励其他员工积极参与融合过程。技术基础设施和系统集成也需要得到改善。为了实现融合，组织可能需要投资信息技术基础设施，以确保数据的顺畅流通和共享，包括整合不同的会计系统和报告工具，以便实现一体化的报告过程。变革管理和绩效评估是确保融合成功的关键因素。组织需要建立一套有效的变革管理计划，以监督融合进展，并及时应对问题和挑战。需要建立绩效评估机制，以确保融合后的系统和流程能够达到预期的效益，并不断进行改进。融合管理会计和财务会计的报告过程可能需要文化和组织变革，以确保两个团队能够有效协作，并能够以组织的整体利益为导向。这需要建立共同的文化、重新设计业务流程和角色、领导层的支持、技术基础设施的改善，以及变革管理和绩效评估的机制。这是一个综合性的变革过程，需要组织各个层面的积极参与和协同合作，以实现融合的成功。

（三）技术基础设施

为了实现管理会计和财务会计的有效融合，组织需要建立支持的技术基础设施，其中包括数据整合和分析工具，以处理大量数据并提供及时的信息。数据整合是关键的一步。管理会计和财务会计涉及大量数据，这些数据通常分布在不同的部门和系统中。为了整合这些数据，组织需要建立能够将不同源头数据整合成一致格式的强大数据整合平台。这可能包括ETL（提取、转换、加载）过程，以确保数据的一致性和可比性。分析工具是实现融合的关键。管理会计和财务会计的数据需要被分析以提供有价值的见解。组织需要投资现代数据分析工具，如数据仓库、商业智能软件和高级分析工具。这些工具可以帮助组织探索数据、识别趋势、制定预测和生成报告。

云计算技术可以加速融合过程。云计算提供了弹性和可扩展的计算资源，更容易处理大规模数据集。它还支持远程访问和协作，使团队能够共享和访问数据，而不受地理位置的限制。数据安全也是关键考虑因素。管理会计和财务会计涉及敏感的财务和业务信息，必须采取适当的安全措施来保护数据的机密性和完整性，包括数据加密、访问控制和监控。技术基础设施的维护和更新也至关重要。技术环境不断发展，组织需要定期升级和更新其硬件和软件，以确保其能够满足不断变化的需求。组织还需要为员工提供培训，以确保他们能够充分利用技术工具来支持管理会计和财务会计的融合。建立支持的技术基础设施对实现管理会计和财务会计的有效融合至关重要。数据整合和分析工具、云计算技术、数据安全和技术维护都是实现这一目标的关键组成部分。通过正确的技术投资和策略，组织可以更好地利用数据来支持决策制定和绩效管理，进而为组织的成功和可持续增长提供坚实的基础。

第三节 财务会计在管理中的地位和影响

财务会计在管理中具有极其重要的地位和深远的影响。它是一种关键的管理工具，用于记录、分析和报告组织的财务信息，为管理者提供决策支持和业务洞察。财务会计提供了组织财务状况的快速概览，包括资产、负债、所有者权益和经营绩效等关键指标。这些信息对管理者了解组织的整体健康状况至关重要，有助于他们制定战略计划和决策。通过分析过去的财务数据，管理者可以识别趋势、模式和问题，以避免重复的错误，改进业务决策。这有助于他们识别成本结构、利润驱动因素和潜在的成本节约机会，更有效地控制成本。

财务会计提供了关于盈利能力和资本结构的信息。管理者可以根据这些信息来评估企业的盈利能力，决定是否扩大业务规模，吸引投资或者进行资本投资。财务会计还为管理者提供了投资决策的依据。通过分析财务报表，管理者可以评估不同投资机会的潜在回报和风险，帮助他们做出明智的投资决策。财务会计对与股东、投资者和监管机构的沟通至关重要。财务报告提供了透明度，使外部利益相关者能够了解组织的财务状况，增强信任和可靠度。

最重要的是，财务会计有助于确保组织遵守法律法规和会计准则。管理者需要保证财务报告的准确性和合规性，以规避法律责任和声誉风险。财务会计在管理中扮演着至关重要的角色。它不仅为管理者提供了有关组织财务状况的关键信息,还为决策制定、成本控制、投资决策和合规性管理提供了支持。财务会计的准确性和可靠性对组织的长期成功和可持续增长至关重要。因此,管理者需要充分了解和重视财务会计的地位和影响,从而有效地管理和领导组织。

一、财务会计的地位和基本功能

财务会计在组织内部和外部都占据着重要地位,其基本功能包括信息记录、总结和报告,为外部利益相关者提供关于组织财务状况和经营成果的准确性和可靠信息。财务会计的地位不可或缺。它是一项系统性的过程,用于记录组织的财务交易和经济活动,包括收入、支出、投资、债务和资产等各个方面的信息。财务会计通过记录这些交易,为组织创造了一份详实的财务历史记录,为内部管理和外部审计提供了依据。

财务会计的基本功能之一是信息记录。它负责收集和存储组织的财务数据,确保每一笔交易都有准确的记录。这种信息记录不仅是法律法规的要求,也是组织内部管理和决策的基础。它确保了组织对自身财务状况有清晰的了解,能够追踪和核查每一笔财务交易。

财务会计的第二个基本功能是信息总结。一旦财务数据被记录,财务会计就会对这些数据进行处理和总结,以便为管理层和外部利益相关者提供更简洁的信息。包括编制财务报表,如资产负债表、损益表和现金流量表,这些报表对组织的财务状况和经营成果进行了汇总和概括,使人们能够更容易理解组织的财务状况。

财务会计的核心功能是信息报告。它将汇总的财务信息呈现给外部利益相关者,如股东、债权人、投资者、监管机构和税务部门。这些报告不仅满足了法律法规的要求,还提供了透明度,让外部利益相关者能够评估组织的财务健康状况和绩效。这种透明度有助于双方建立信任,吸引投资,为组织的可持续性和发展提供支持。

财务会计在组织中具有至关重要的地位,其基本功能包括信息记录、总结和报告。这些功能为组织提供了财务信息的基础,不仅满足了法律法规的要求,还支持了内部管理和外部审计。

(一)财务报表的编制

财务会计的一个主要功能是编制财务报表,包括资产负债表、利润表和现金流量表。这些报表不仅提供了组织的财务状况、经营成果和现金流的概览,还具有多重重要性,对管理层和外部利益相关者了解组织的健康状况和财务表现至关重要。

资产负债表(也称为财务状况表)提供了有关组织在特定时间点的财务状况信息,列出组织的资产(如现金、应收账款、固定资产等)和负债(如债务、应付账款等)的价值,以及股东权益。资产负债表的目的是展示组织的净资产,即资产减去负债,以反映组织的净值。这有助于管理层了解组织的资产组合、负债情况以及股东权益的变化,为制定财务战略提供基础。

损益表(也称为收益表或利润表)提供有关组织在一定时期内的经济绩效信息。它反映了组织的总收入、总成本和净利润(或净亏损)。损益表反映了组织的盈利能力和经济活动效益。管理层可以通过分析损益表来评估业务的盈利能力、成本控制情况以及销售和运营绩效。外部投资者和债权人也关注损益表,以了解组织的盈利潜力和财务稳定性。

现金流量表提供组织在一定时期内现金流动的详细信息。它分为经营活动、投资活动和筹资活动三个部分,分别反映了组织的现金收入和支出情况。现金流量表有助于管理层了解组织的现金流动状况,包括现金的净增加或减少。这对确保组织有足够的现金来支付债务、投资发展和应对紧急情况至关重要。外部利益相关者也关注现金流量表,以评估组织的偿债能力和财务稳定性。

财务报表是财务会计的核心产物,它们提供了组织财务状况、经营成果和现金流动的关键信息。这些报表不仅帮助管理层了解组织的财务健康状况,还为外部利益相关者提供了评估组织的工具,如股东、债权人、投资者和监管机构等。通过财务报表,组织能够透明地呈现其财务情况,有助于双方建立信任、做出明智的决策,并为可持续的经济发展打下坚实的基础。

(二)财务报告的透明度

财务会计要求公开披露财务信息的做法具有多重重要性,其中透明度和可比性是关键因素。这种披露不仅有助于管理层了解组织的财务稳定性和风险水平，还为外部投资者提供了决策所需的信息。透明度是财务会计公开披露的核心原则之一。

透明度指的是组织在财务报告中提供足够的信息，以使利益相关者能够全面了解其财务状况和经营成果。这包括详细的财务报表，如资产负债表、损益表和现金流量表，以及相关的附注和管理层的讨论与分析。透明度有助于外部投资者了解组织的资产、负债、利润和现金流等关键财务指标，从而更好地评估其财务健康状况。

可比性是另一个关键因素。财务会计标准的制定旨在确保财务报告在不同组织之间具有一定程度的可比性。这意味着不同企业使用相似的会计原则和报告要求，以便外部投资者能够更容易地比较它们的财务表现。可比性有助于投资者确定哪些组织在同一行业中表现良好，哪些可能存在风险或机会。这种比较还有助于监管机构和评级机构评估市场和行业的整体情况。

透明度和可比性有助于管理层更好地了解其组织的财务状况。通过定期公开披露财务信息，管理层可以追踪组织的绩效，并进行内部比较和分析。这有助于他们识别问题领域，制定战略，优化资源分配，并采取适当的行动来改进财务健康状况。

透明度和可比性提高了市场的信任度。投资者和其他利益相关者依赖公开披露的信息来做出决策。如果组织提供了准确、全面和可比的信息，它们更有可能获得投资者和市场的信任，从而更容易融资、吸引投资和发展业务。财务会计要求公开披露财务信息，以提供透明度和可比性,对管理层和外部投资者评估组织的财务稳定性和风险水平至关重要。透明度确保信息的完整性和准确性,可比性使不同组织之间的比较更容易进行,有助于市场的信任建立和维护。这是一个维护金融市场稳定和有效运作的重要因素。

(三)决策支持

财务报表在组织内部的管理决策中扮演着关键角色,不仅为组织提供了历史财务数据,还为管理层提供有关资源分配、成本控制、投资决策和战略制定的重要信息。这些数据不仅有助于管理层了解过去的业绩,还支持他们基于客观事实做出明智的决策,财务报表提供历史财务数据,包括收入、支出、利润、现金流等方面的信息。这些数据允许管理层对过去的财务绩效进行全面评估,识别业务的强项和弱项。通过分析历史数据,管理层可以了解业务的发展趋势、盈利能力和偿债能力,从而为未来的决策提供基础。财务报表提供关于资源分配和成本控制的关键信息。管理层可以通过财务报表了解不同部门和项目的成本结构,识别哪些领域的支出可能过高或不必要。这有助于优化资源分配,降低成本,提高效率,从而提高组织的竞争力。

财务报表支持投资决策。管理层可以通过分析财务报表来评估不同投资项目的潜在回报和风险。包括评估新产品开发、市场扩张、并购等投资机会。财务数据提供了有关资本可行性、资金需求和潜在回报的信息,可以帮助管理层做出明智的投资决策。财务报表为战略制定提供了重要的参考。管理层通过分析财务报表来评估不同战略方向对组织的财务影响,包括制定增长战略、市场进入战略、产品组合战略等。财务数据允许管理层预测不同战略选择的财务后果,以确定最合适的战略方向。财务报表提供了关键的历史财务数据,以支持管理层在资源分配、成本控制、投资决策和战略制定方面做出基于事实的决策。这些数据不仅有助于信息使者了解过去的业绩,还为未来的决策提供了重要的信息基础。管理层可以借助财务报表更好地规划和管理组织的发展,实现长期成功和可持续增长。因此,财务报表在管理层决策过程中发挥着不可或缺的作用。

二、财务会计的影响和作用

财务会计在企业和经济体系中发挥重要的影响和作用。它是管理会计的基础分支,负责记录、报告和分析企业的财务信息,对组织内外的各种利益相关者产生深远的影响。财务会计提供企业财务状况的关键信息。包括企业的资产、负债、所有者权益、收入和费用等财务要素。这些信息为投资者、债权人、股东和其他利益相关者提供了了解企业健康状况的窗口。投资者依赖于财务报表来做出投资决策,而债权人需要了解债务的偿还能力。财务会计有助于维护市场的透明度和公平性。财务报表的信息披露要求确保了市场的透明度,使投资者能够获得准确和可靠的信息。这有助于避免信息的不对称,减少市场的不公平和欺诈行为出现。

财务会计是监管机构的监管工具。政府和监管机构依赖企业的财务报表来监督和审计企业的活动,以确保其遵守法规和规定。这有助于保护投资者和维护金融市场的稳定性。财务会计对企业的内部管理也产生深远的影响。企业管理层使用财务报表来评估经营绩效、制定预算和战略,以及做出内部决策。这有助于优化资源分配、降低成本、提高效率和盈利能力。财务会计影响企业的融资能力。企业的财务状况直接影响其借款成本和融资条件。具有良好财务表现的企业更容易获得融资支持,而不良的财务表现可能导致借款成本的增加。

财务会计在现代经济中发挥着不可或缺的作用,对各种利益相关者产生广泛的影响。它为投资者提供了信心,维护着市场的公平性和透明度,也是监管机构的监督工具,为内部管理和决策提供支持,以及影响企业的融资能力。财务会计的重要性在全球范围内得到广泛认可,为经济体系的稳定和可持续发展做出了积极贡献。

(一)绩效评估

财务会计为管理层提供了一种重要的方式来评估组织的绩效和制定决策。通过深入分析损益表、资产负债表和现金流量表等财务报表,管理层可以获得深刻的洞察,帮助他们识别绩效问题、抓住机会和了解业务趋势,并采取相应的措施来改进和优化组织的运营。通过分析损益表,管理层可以了解组织在特定时期内的盈利能力和经济表现。他们可以看到总收入、总成本和净利润（或净亏损）之间的关系，以确定业务的营利性。如果净利润增长，管理层可以考虑扩大业务规模或投资新项目。反之，如果净利润下降，他们可能需要寻找削减成本的机会或重新评估营销策略。损益表还提供了有关销售、成本和毛利率等方面的信息，有助于管理层更好的了解业务绩效。

资产负债表提供组织财务状况的快照。管理层可以查看资产、负债和股东权益的价值，以了解组织的净资产情况。这有助于他们评估组织的财务稳健性和偿债能力。如果负债过高或资产质量下降，管理层可能需要采取措施来降低风险，如筹资、债务重组或资产销售。资产负债表还提供关于流动性和长期负债的信息，这有助于管理层做出资本预算和融资决策。现金流量表展示组织在一定时期内的现金流动情况。管理层可以分析现金流量表，了解现金的净增加或净减少情况。这有助于他们确定组织是否有足够的现金来支付债务、投资发展和应对突发情况。如果现金流出问题，管理层可能需要优化应收款项管理、控制存货水平或重新评估投资计划。现金流量表还提供关于经营、投资和筹资活动的详细信息，这有助于管理层做出资本分配和筹资决策。

财务会计为管理层提供了一种强大的工具，帮助他们评估组织的绩效、识别问题和机会，并制定相应的决策。通过深入分析损益表、资产负债表和现金流量表，管理层可以更全面地了解组织的财务状况、盈利能力和资金流动性。这种深度理解有助于他们制定战略性和操作性决策，以实现组织的长期成功和可持续发展。财务会计报表成为管理层的有力工具,有助于他们更加准确地领导组织在竞争激烈的商业环境中前行。

(二) 资本市场融资

财务会计在组织的融资活动中扮演着至关重要的角色,因为投资者和债权人通常依赖财务报表来评估组织的信用风险和价值,从而决定是否提供资金支持。财务报表提供有关组织财务状况的详细信息。资产负债表展示组织的资产和负债,损益表显示其盈利能力和经营绩效,现金流量表展示现金流入和流出的情况。这些报表信息可以帮助投资者和债权人了解组织的财务健康状况,包括其资产和负债的规模、盈利能力、现金流状况等关键指标。财务报表的透明度和可比性对融资决策至关重要。投资者和债权人需要准确、一致和可比性的信息,以便评估不同组织之间的信用风险和价值。财务会计准则的制定旨在确保财务报表在不同组织之间具有一定程度的一致性和可比性,从而帮助市场参与者做出明智的融资决策。

财务报表还提供历史数据,帮助投资者和债权人分析组织的财务表现趋势。这有助于他们确定组织的财务稳定性和可持续性。历史数据的分析可以帮助投资者了解组织的长期表现,并评估其未来潜力。财务报表中的附注和管理层讨论与分析(MD&A)可以提供额外的信息,帮助投资者和债权人更加全面地了解组织的财务情况。附注通常包括有关会计政策、重大会计估计和未来风险的详细信息。MD&A 则提供管理层对财务表现的解释和分析。投资者和债权人依赖财务报表来评估组织的信用风险和价值,从而决定是否提供资金支持。如果财务报表反映组织的财务状况稳健,投资者可能更愿意投资股权或提供融资。相反,如果财务报表反映出较高的负债、低盈利能力或不稳定的现金流,债权人可能要求更高的借款利率或担保措施。

财务会计对组织的融资活动至关重要,因为投资者和债权人需要依赖财务报表来评估组织的信用风险和价值,以决定其是否提供资金支持。财务报表提供详细的财务信息、透明度和可比性,可以帮助市场参与者做出明智的融资决策。这对组织的融资、发展和可持续性都具有重要影响。

(三) 税务合规

财务会计不仅关注财务报表的编制和财务信息的披露,还涉及税务合规性问题,这对管理层来说至关重要。管理层需要确保组织遵守适用的税法法规,同时合理规划税务策略,以最大限度地降低税务负担,税务合规是组织的法律责任。根据税法法规,组织必须按时和准确地向税务机构申报并缴纳税款。如果组织未能遵守税务法规,可能面临严重的法律后果,包括罚款和法律诉讼。因此,管理层需要确保财务会计的过程和报表是合法的,以避免不必要的风险。

税务策略的规划是为了最大限度地降低税务负担。管理层可以通过合理的税务策略来降低组织的税务成本,如利用适用的税收抵免、减免和优惠政策。这需要对税法有深入了解,以确定哪些策略最适合组织的情况。税务规划包括优化资本结构、选择合适的投资方案以最大限度地减少税收,为组织创造更多的价值。管理层还需要关注跨国税务问题。对跨国企业来说,涉及多个国家的税法和法规可能非常复杂。管理层需要确保组织遵守各国的税收要求,并合理规划跨国税务策略,以最大限度地降低全球税务负担。这可能涉及国际税收协议的利用、跨国合同的管理以及跨国合规性的审查。

税务合规和策略规划需要专业知识和专业人员的支持。管理层可以依靠内部税务专家或外部税务顾问,以确保组织在税务方面的合规性和效率。这些专业人员可以提供有关税务法规和最佳实践的指导,并帮助制定适用组织的税务策略。财务会计涉及税务合规和策略规划,这对管理层来说至关重要。税务合规是法律责任,管理层需要确保组织遵守适用的税法法规,以避免不必要的法律风险。税务策略的规划可以降低税务负担,为组织创造更多的价值。跨国企业还需要关注跨国税务问题,确保遵守多个国家的税收要求。税务合规和策略规划需要专业知识和专业人员的支持,以确保组织在税务方面的成功和有效性。

三、财务会计与管理的融合

财务会计与管理的融合是组织内部重要领域之间协同工作的过程,旨在更好地支持决策制定、资源分配和业务管理。这种融合强调财务数据如何成为管理过程的关键组成部分,进而提供深入的洞察和支持,以推动组织的成功和可持续增长。财务会计与管理的融合意味着将财务数据视为管理决策的关键因素之一。传统上,财务会计主要用于编制财务报表,以满足外部监管和股东的需求。然而,在融合的背景下,财务数据不仅仅是报告的一部分,还是内部管理工具,用于支持战略制定和执行。

融合强调财务数据的实时性和准确性。管理需要及时的财务信息,以便做出敏感的决策。因此,融合的过程通常包括改进财务数据的收集、处理和分析流程,以确保数据的及时性和准确性。融合也促使财务会计与管理之间的协作更加紧密。管理团队需要与财务部门密切合作,以共同制定和评估业务目标、预算和战略计划。这种协作有助于确保财务数据与业务目标相一致,使决策更加明智。管理者不仅需要了解当前的财务状况,还需要预测未来的趋势和机会。因此,财务数据分析和业务智能工具成为支持决策的关键资源。管理者需要具备财务知识和技能,以理解财务数据,并将其应用于业务决策。因此,组织通常会提供培训和教育机会,进而提高管理者的财务素养。

财务会计与管理的融合是组织内部协同工作的关键方面。它强调财务数据在管理决策中的关键作用,促进数据的实时性、准确性和分析能力。融合还加强管理和财务团队之间的协作,强化财务知识和技能的重要性。通过融合,组织能够更好地利用财务资源,实现更高效和协调的管理,从而应对不断变化的市场和竞争环境。

(一）决策支持系统

财务会计数据的集成与管理决策支持系统（DSS）是一种强大的工具，可以为管理层提供实时的财务信息，帮助他们更好地监控业务状况，并在必要时迅速做出决策。财务会计数据的集成意味着将财务报表、损益表、资产负债表和现金流量表等数据无缝连接到管理决策支持系统中。这样，管理层可以在一个平台上访问财务数据，而无须手动整合和处理数据，这有助于提高数据的准确性和可靠性，减少错误发生的可能性。实时性是集成的关键优势之一。通过将财务会计数据与DSS集成，管理层可以随时获取最新的财务信息。这意味着他们可以迅速了解组织的当前财务状况，而不必等待传统的财务报告周期。在快速变化的商业环境中，这种实时性对及时做出决策至关重要。

集成可以提供更全面的财务洞察。管理决策支持系统通常具有强大的数据分析和报告能力，可以帮助管理层深入分析财务数据。他们可以创建自定义的财务指标和报告，根据需要进行深度分析，以了解业务绩效、成本结构、盈利能力和风险因素等。这种深度洞察使管理层能够更明智地制定决策，并更好地应对挑战和机会。

财务会计数据的集成还提高了决策的可追溯性和透明性。管理层可以跟踪决策的背后数据和信息，了解决策是如何基于财务数据和分析而做出的。这有助于确保决策的合规性和可靠性，并为监管和审计提供支持。集成财务会计数据与管理决策支持系统还有助于促进团队协作。

不同部门和团队可以在同一平台上共享和访问财务数据,更好地合作解决问题和制定决策。还可以为管理层提供实时、全面的财务信息,帮助他们更好地监控业务并在需要时做出快速决策。这种集成有助于提高组织的决策质量和效率,这为可持续的成功奠定坚实的基础。在当今竞争激烈的商业环境中,这种能力对组织的成功至关重要。

(二) 预算和规划

财务会计信息在预算编制和战略规划中发挥着关键作用,对组织的长期成功和可持续性发展至关重要。历史财务数据是预算编制的重要基础。管理层通常会回顾过去几年的财务报表,以了解组织的财务表现趋势,包括收入、成本、支出、盈利能力和现金流等方面的数据。通过分析历史数据,管理层可以识别关键的财务模式和趋势,更好地预测未来的财务表现。财务会计信息提供了预算编制中的基本参数。管理层可以使用财务报表中的具体数字作为预算的起点。如,他们可以将去年的销售额作为今年的销售目标,然后根据其他财务数据来调整预算的各个方面,如成本、支出和投资。这样的数据具有可信度,因为它们是基于历史财务实际数据进行制定的。财务报表中的信息有助于确定预算的限制和约束条件。管理层可以根据财务状况来确定可用的资金和资源,并制定相应的预算。如果财务报表显示组织面临财务挑战,管理层可能需要制定更紧缩的预算,并寻求削减成本或优化资源的机会。财务会计信息在战略规划中也起着关键作用。组织的战略目标通常需要资金支持,而财务报表提供确定这些目标可行性的关键信息。管理层可以使用财务信息来评估不同战略选择的财务影响,以确定最佳的战略路径。如,他们可以分析不同市场扩张、产品开发或并购策略的潜在财务回报,并选择最适合组织的战略方向。

财务报表的透明度和可比性使管理层能够更好地沟通、分享预算和战略规划信息。透明的财务信息可以帮助各级管理层和团队了解组织的财务目标和限制因素,更好地协同合作,实现预算和战略目标。财务会计信息在编制和战略规划中发挥着关键作用,可以帮助管理层制定基于历史数据的预算、确定可用资源、评估战略选择的财务影响,并促进透明的沟通和协作。这些信息不仅是组织成功的基础,也有助于确保预算和战略规划的可行性和有效性。

(三) 绩效管理

财务会计数据与绩效管理的结合对于组织实现战略目标至关重要。它不仅有助于设定绩效目标,还支持监督绩效进度和奖励卓越绩效,财务会计数据在设定绩效目标方面发挥着重要作用。通过分析财务数据,管理层可以识别与组织战略目标直接相关的关键绩效指标。如,管理层可以关注收入增长率、毛利率、成本控制等财务指标,以确保它们与战略目标保持一致。设定明确的绩效目标有助于为组织提供明确的方向,使员工明白他们的努力与战略愿景相符。财务会计数据用于监督绩效进度。一旦设定了绩效目标,管理层便可以定期审查财务数据以评估实际绩效与目标之间的差距，这可以通过比较实际财务结果与预算或计划来实现。如果发现差距，管理层可以采取必要的措施来调整战略执行，以确保组织在正确的轨道上。监督绩效进度有助于识别问题并及时做出反应，保持组织的灵活性和适应性。财务会计数据还用于奖励卓越绩效。绩效管理不仅涉及发现问题，还包括奖励卓越的努力和成果。管理层可以使用财务数据来确定哪些团队或员工完成了出色的绩效，并为他们提供适当的奖励和激励措施，如奖金、股票期权或晋升机会。这有助于建立一个积极的绩效文化，激励员工为组织的成功做出更多的贡献。

　　财务会计数据与绩效管理的结合支持了持续改进和学习。通过分析财务数据，管理层可以识别哪些战略举措成功，哪些需要改进。这有助于组织不断学习和适应变化的环境，以达到更高的绩效水平。管理层可以根据财务数据的洞察来调整战略，制定更有效的策略，并不断优化业务运营。财务会计数据与绩效管理的结合是组织实现战略目标的关键要素。它有助于设定明确的绩效目标，监督绩效进度，奖励卓越的绩效，并支持组织的持续改进和学习。通过有效地利用财务数据，管理层可以更好地引导组织朝着成功和可持续增长的方向前进。

第四章 管理会计管理模式

第一节 财务筹资管理模式

财务筹资管理是组织中至关重要的一个方面,涉及融资、债务管理和股权融资等筹资决策。在管理视角下,融资决策是财务筹资管理模式的核心。管理层需要决定如何筹集资金以满足企业的运营和发展需求。包括考虑不同的融资来源,如债务融资、股权融资、银行贷款和债券发行。融资决策需要综合考虑资金成本、偿还期限、偿还能力和风险等因素,以确保资金筹集的可持续性和成本效益。债务管理是财务筹资管理的关键组成部分。管理层需要有效管理债务,包括债务的结构、利率和偿还计划。债务管理旨在最大限度地减少财务风险,确保及时的债务偿还,并维护良好的信用评级。这需要监测市场条件,进行债务重组和再融资等。

股权融资也是财务筹资管理的一部分。组织可以通过发行新股或回购股票来筹集资金。管理层需要权衡股权融资的利弊,以确保不会对现有的股东权益造成不利影响。股权融资还涉及股权结构、股息政策和股权激励计划等方面的决策。管理层还需要考虑财务杠杆的影响。财务杠杆是债务与股权的比例，它影响组织的盈利潜力和风险水平。管理层需要确定适当的财务杠杆水平，以实现股东价值最大化并降低财务风险。

财务筹资管理模式还需要考虑投资者关系的管理。管理层需要与投资者和股东保持积极的沟通，并提供有关财务筹资决策的透明信息，这有助于建立信任，吸引投资者支持，维护公司的声誉。管理视角下的财务筹资管理模式涉及融资决策、债务管理、股权融资、财务杠杆和投资者关系等多个方面。管理层需要综合考虑各种因素，以制定策略和决策，确保组织能够有效地筹集资金、管理债务和股权，进而支持企业的发展和增长，同时最大限度地降低财务风险。这个模式在支持组织长期成功和可持续增长方面发挥着至关重要的作用。

一、传统财务筹资模式

传统财务筹资模式是组织用来获取资本和满足经济需求的一种传统方式。这一模式涉及债务融资、股权融资、内部筹资和外部融资等多个方面，债务融资是传统财务筹资模式的核心组成部分。组织可以通过发行债券、借款或银行贷款等方式筹集资金。债务融资通常涉及支付利息和还本，这有助于降低股东权益的稀释。这一模式有助于组织获得必要的资本，并扩大业务规模。股权融资是另一种重要的传统筹资方式，包括发行新股票或私募股权，以筹集额外的资金。股权融资有助于提高股东权益，但也会分散控制权。它通常用于扩大业务、进行投资或回报股东。

内部筹资是传统筹资模式中的一种方法，指的是利用组织内部积累的盈余资金来满足资本需求。这包括将公司利润再投资到业务中，用于扩展、研发和运营。内部筹资有助于提高财务稳健性，减少外部债务和股权的依赖性。外部融资是一种常见的传统筹资方式，涉及与外部投资者、银行或金融机构的合作，以获取资金，包括短期贷款、长期债务和股票发行。外部融资通常涉及支付利息或股息，但有助于满足短期和长期的资本需求。传统财务筹资模式还包括财务规划和风险管理。管理层需要制定财务策略，确保合理分配资本，降低财务风险，并优化股东价值，这涉及制定资本预算、资本结构管理和股息政策等决策。传统财务筹资模式涵盖多个方面，包括债务融资、股权融资、内部筹资和外部融资。这些方法有助于组织获得资本、满足资本需求、扩大业务规模，并管理财务风险。管理层需要谨慎权衡不同的筹资方式，以制定适合组织需求和目标的财务策略，从而支持长期成功和可持续增长。

（一）股权融资

股权融资是一种重要的资本筹集方式，它允许公司通过发行股票或吸引股权投资来获取资金。发行股票是一种常见的股权融资方式。公司可以通过发行新股票来筹集资金，这被称为首次公开发行（IPO）或增发。新股份的发行会稀释现有股东的持股比例，所以发行股票会导致公司的股东权益被稀释,然而,这种方式可以帮助公司获得大量资金,支持扩张和投资。股权投资是另一种股权融资方式。公司可以吸引风险投资家或私募股权投资基金的投资,以交换部分股权来获取资金。股权投资不仅可以为公司提供资金支持,还可以提供经验和资源,有助于加速公司的成长。然而,这也会造成股东权益的稀释,并且可能涉及与投资者的合同和权益问题。

股权融资是影响股东权益的一个重要方面。发行新股票或吸引股权投资可能会导致现有股东的股份比例减少,从而稀释他们的权益。这意味着公司的控制权可能会发生变化,现有股东可能会失去一部分控制。股权融资还可能导致股东权益的价值增长,如果公司的业绩表现良好。股权融资也伴随着一定的风险。股东权益的稀释可能引发现有股东的不满,尤其是新股票以低价发行的情况。吸引股权投资可能会涉及与投资者之间的谈判和合同问题,会对公司的自主性和战略决策产生一定程度的限制。如果公司的表现不佳,股东权益的价值可能会下降,导致股东权益受损。股权融资是一种重要的资本筹集方式,通过发行股票或吸引股权投资来获得资金。这些方式对股东权益有不同程度的影响,可能会导致股东权益的稀释,但也有助于支持公司的增长和发展。它们也伴随着一定的风险,需要谨慎权衡和管理。

(二)资本结构

传统财务筹资模式下的资本结构优化策略是企业在融资方面采取的

重要战略之一,它涉及债务和股权的比例选择,以实现最佳的资本结构。企业应该平衡债务和股权的比例,以降低财务风险。债务融资虽然可以提供方便的资本,但也带来偿还利息和本金的义务。如果企业债务过高,可能会导致财务杠杆率过高,增加偿还风险。因此,资本结构优化的策略之一是确保债务水平不可超过可承受的范围。

企业需要考虑股东价值的最大化。股东价值最大化意味着在维持股东权益的同时,还要优化财务结构以降低成本和提高盈利能力。企业可以利用财务杠杆来增加股东回报,但也必须注意避免过度负债。长期资本需求应该与融资结构相匹配。企业的资本结构应该反映其长期发展计划和资本投资需求。如果企业需要大规模投资于长期项目,可以考虑较多的股权融资,以确保稳定的资本来源。企业应该定期评估资本结构,要根据市场条件和经营状况进行调整。市场的变化和企业的成长可能导致资本需求发生变化,因此,资本结构也需要相应调整。企业可以考虑灵活的融资工具,如可转换债券或优先股,以满足不同的资本需求,在债务和股权之间提供一种中庸的选择,既可以获得债务的税收优势,又可以享受股权的灵活性。传统财务筹资模式下的资本结构优化策略是一个复杂的决策过程,需要综合考虑财务风险、股东价值、长期资本需求、市场条件和融资工具的选择等多个因素。企业应该根据自身情况和市场环境,制定合适的资本结构策略,以实现可持续的财务成功和股东价值最大化。这一策略的成功执行有助于企业在竞争激烈的市场中脱颖而出,实现长期增长和稳定盈利。

二、新兴财务筹资模式

新兴财务筹资模式是指现代企业在寻求融资时采用的创新方法和工具,以满足不断变化的市场需求和投资者的期望。这些模式在不同行业和组织中得到广泛应用,为企业提供了更多灵活性、高效性和多样化的融资选择。初创公司和小型企业越来越倾向于寻求风险投资和天使投资。这些投资者提供资金和战略支持,以帮助公司发展。风险投资通常是在早期阶段进行,而天使投资者则更早介入,通常是个人投资者。这种模式为初创企业提供了资金,以推动创新和增长。众筹成为一种热门的融资方式。企业可以通过众筹平台募集资金,吸引个人和小型投资者的支持。众筹模式可以涵盖多个领域,包括产品开发、艺术项目、慈善事业等。这种模式不仅提供了融资的途径,还可以增加产品或服务的曝光度,并建立与支持者的紧密联系。

创业公司和科技公司越来越倾向于采用首次公开募股的方式融资。募股允许企业在公开市场上进行股权交易吸引大规模的投资者资金。这种模式不仅提供了大规模融资的机会,还可以提高公司的知名度和可见性。可转换债券也成为企业筹资的一种有吸引力的选择。这种债券可以在未来转换为公司股份,为投资者提供了获得潜在股权的机会,有助于降低债务负担,同时吸引投资者参与公司的长期增长。数字货币和区块链技术也为企业提供新的融资模式。初级硬币提供允许企业发行数字货币来募集资金,而区块链技术可以用于安全和透明的资金筹集。这一模式在金融科技领域得到广泛应用,并为企业提供一种新兴的融资途径。新兴财务筹资模式为企业提供多样化的融资选择,以满足不同的资金需求和战略目标,包括风险投资、众筹、IPO、可转换债券、数字货币和区块链技术等模式。企业可以根据其特定情况和市场条件选择最合适的筹资方式,以实现长期的财务成功和增长。这些新兴模式在不断演变,为企业提供了更多创新的筹资机会。

(一)创新融资方式

新兴的融资方式包括众筹和区块链融资,它们在资本市场中引起了广泛关注,具有独特的特点和广泛的应用场景。众筹是一种通过互联网平台向大众募集资金的方式,分为股权众筹、消费者众筹和赞助众筹等多种形式。众筹的特点是能够吸引广大个人投资者,为创业者提供多样化的资金来源。这种融资方式适用于初创企业、文化创意项目、社会公益事业等各种领域。区块链融资是利用区块链技术进行资金募集和管理的一种方式。最著名的区块链融资方式是 Initial Coin Offering(ICO)和 Security Token Offering(STO)。ICO 允许项目发行代币,吸引投资者购买,而 STO 则类似于传统的股权融资,但使用区块链代币进行交易。区块链融资的特点是去中心化、透明、低成本和全球化。它适用于数字资产、区块链项目和加密货币领域。

这些新兴融资方式的应用场景广泛。众筹可用于创业融资、艺术品收藏、产品预售、慈善募捐等项目中。区块链融资可用于数字资产发行、项目融资、资产管理和交易所交易等领域。它们为创业者、投资者和项目发起人提供了更多的选择,降低了融资门槛,加速了项目的落地和发展。这些新兴融资方式也伴随着一定的风险和监管挑战。众筹可能存在项目失败、投资风险和欺诈行为等问题,需要谨慎选择平台和项目。区块链融资也面临监管不确定性、合规性和市场波动等风险。新兴融资方式如众筹和区块链融资为创新和投资提供了新的机会。它们的特点和应用场景各异,可以满足不同领域和项目的融资需求。然而,投资者和项目方在参与这些融资方式时需要谨慎考虑风险和合规性,并选择可信赖的平台和项目。

(二)混合融资模式

在现代财务管理中,传统和新兴财务筹资方式结合是一项关键的策略,可以实现资本的多元化和最佳利用。多元化融资渠道是关键。企业应该同时考虑传统的融资方式,如银行贷款、债务融资和股权融资,以及新兴的融资方式,如天使投资、风险投资、区块链融资等。这种多元化的融资渠道可以降低融资风险,确保企业有足够的资本来满足业务需求。企业需要根据其资本需求和风险承受能力来选择合适的融资方式。传统融资方式通常提供稳定的长期资本,适用于大型投资项目。新兴融资方式则更加灵活,适用于初创企业或需要快速资本回报的项目。企业应根据具体情况选择最适合的方式。融资决策需要考虑财务杠杆和财务结构。传统融资方式如债务融资可能增加财务杠杆，需要谨慎管理，以避免偿债风险。新兴融资方式则可能涉及股权分配，影响财务结构和股东权益。企业应综合考虑财务杠杆和结构，确保资本结构的合理性，还应该关注市场条件和投资者的需求。市场的变化可能会影响不同融资方式的可行性，了解投资者的需求和市场趋势将有助于选择最适合的融资方式。

风险管理是多元化融资策略的关键组成部分。企业需要建立有效的风险管理框架，以监测和管理不同融资方式带来的风险。这包括财务风险、法律风险、市场风险等多个方面。传统和新兴财务筹资方式结合可以为企业提供更多选择，并实现资本的多元化和最佳利用，这需要根据企业的具体情况和需求，选择合适的融资方式，并谨慎管理财务风险和结构。多元化的融资策略有助于企业应对市场不确定性，实现长期的财务稳定和成功。

（三）投资者关系和社会影响

新兴财务筹资模式对投资者关系管理和社会影响具有重要性，包括可持续融资、社会影响债券和风险投资等模式，它们不仅能够吸引投资者，还能够塑造企业形象，满足社会责任。投资者越来越认识到企业的环境、社会和治理（ESG）表现对长期投资的重要性。通过采用这些模式，企业能够吸引到一群注重可持续性和社会影响的投资者，从而增加融资的多样性和稳定性。新兴财务筹资模式有助于改善企业的社会影响。

社会影响债券和可持续融资通常与特定的可持续发展目标和社会项目相关联。通过融资这些项目,企业不仅可以实现财务目标,还可以积极参与社会问题的解决,如环保、教育和健康。这有助于提高企业的社会声誉,加强与利益相关者的联系,促进可持续发展。

新兴财务筹资模式也有助于企业建立更透明和负责任的投资者关系。投资者对企业的财务表现和社会影响越来越感兴趣,他们希望了解企业如何管理风险、履行社会责任和实现长期增长。采用新兴财务筹资模式,企业需要更加透明地报告其社会、治理绩效和社会影响,从而强化与投资者之间的沟通和信任。

新兴财务筹资模式在投资者关系管理和社会影响方面具有重要性。它们能够吸引具有可持续和社会责任意识的投资者,提高企业的社会影响,加强与利益相关者的联系,并促进透明和负责任的企业管理。这些模式不仅有助于企业融资,还有助于实现可持续增长和社会责任的目标。

第二节　财务投资管理模式

管理视角下的财务投资管理模式是企业在实施投资决策时的战略方法,它涵盖多个关键方面,以确保投资能够实现股东价值最大化并实现长期可持续的财务成果。财务投资管理模式强调资本预算的重要性。企业需要仔细评估各种投资项目的可行性,包括新产品开发、市场扩张、资产购置等,这涉及评估预期的投资回报率、风险、现金流和期限。资本预算方法如净现值(NPV)、内部收益率(IRR)和投资回收期(Payback Period)等被用来评估和确定不同项目的优先级。财务投资管理模式强调风险管理的必要性。企业必须识别、评估和管理与投资相关的各种风险,包括市场风险、信用风险、操作风险和法律风险等,可能涉及采用金融衍生品、保险、多样化投资组合等策略,以减少潜在损失。

财务投资管理模式强调投资组合的多样化。企业应该分散投资风险,通过投资不同行业、地区和资产类别来实现多样化,降低投资组合的整体风险,并提高长期投资回报的可持续性。财务投资管理模式侧重于资金管理和资本结构。企业需要确保有足够的资金来支持投资项目,并考虑债务和股权的优化结构,包括选择适当的融资来源、债务偿还计划和股息政策等。财务投资管理模式注重绩效监控和报告。企业需要建立有效的绩效评估体系,以监测投资项目的实际表现,包括定期报告、比较预算和实际绩效、识别偏差并采取纠正措施。管理视角下的财务投资管理模式是一种综合的方法,旨在确保企业的投资策略与其财务目标和风险承受能力相一致。它涵盖资本预算、风险管理、投资组合多样化、资金管理和绩效监控等多个关键方面,有助于企业有效地管理其资金,并实现长期可持续的财务成功。这是一个动态的过程,需要不断优化和调整,以适应变化的市场条件和战略目标。

一、传统财务投资模式

传统财务投资模式是指在金融市场中常见的一系列投资方式和策略，旨在获取投资回报并实现财务目标。它包括股票投资、债券投资、房地产投资、现金等多个方面，投资者可以购买公司的股票，成为公司股东。股票投资的目标是通过股票价格的上涨和股息的获得来实现投资回报。股票市场提供广泛的选择，包括成长股、价值股和分红股等不同类型的股票。债券是公司或政府发行的债务，工具，投资者可以购买债券并获得固定的利息回报。债券投资通常被认为是较低风险的投资选择，适用于追求稳定回报和保值的投资者。

投资者可以购买房地产，包括住宅、商业物业和土地等。房地产投资的目标是通过租金收入和资产价值的上涨来获得回报。房地产市场通常受地区经济和市场供需的影响。在此环境下投资者可以将资金存放在银行账户、货币市场基金或其他流动性高的资产中。现金投资的目标是保持资金的流动性，并获得相对较低的风险和回报。多元化投资旨在将投资分散到不同类型的资产中，以降低风险。这可以通过投资组合管理、资产配置和定期重新平衡来实现。投资者需要确定投资期限是短期还是长期，以及自己的风险承受能力，以便选择合适的投资策略。财务目标包括资本增值、收入增加、退休储蓄和遗产传承等。传统财务投资模式提供了多样化的投资选择，以满足不同投资者的需求和目标。投资者需要仔细考虑不同的投资方式和策略，以制定适合自己的投资计划，从而实现财务目标并管理风险。这些传统投资模式在金融市场中发挥着重要作用，有助于实现长期财务成功和财务自由。

（一）投资组合构建

构建传统投资组合是一项复杂的任务，需要综合考虑多个因素，包括资产配置、分散化和风险管理等策略。资产配置是构建投资组合的基础。它涉及确定在不同资产类别之间分配资金的比例。通常，资产类别包括股票、债券、现金等。资产配置策略基于投资者的风险偏好和财务目标，可以采取保守、平衡或激进的方法。如，年轻的投资者可能更倾向于激进的资产配置，追求更高的长期回报，而退休人士可能更倾向于保守的配置，以保护资本。分散化是降低投资组合风险的重要策略。它涉及将资金分散到不同的资产类别、行业和地区，以降低特定风险的影响。分散化有助于平衡投资组合，减轻单一资产或行业的风险，如，如果投资者将资金投入多个不同行业的股票和债券，那么单一行业的不利影响不会对整个投资组合产生重大影响。风险管理也是构建投资组合的关键。风险管理策略包括设置止损点、定期重新平衡投资组合、使用多样化的金融工具来对冲风险等。止损点帮助投资者限制损失，定期重新平衡有助于保持资产配置的目标，而对冲工具可以降低市场波动性的影响。

考虑投资的时间跨度也至关重要。投资者需要根据自己的财务目标和投资期限来制定策略。长期投资者可能更侧重于成长和价值投资，而短期投资者可能更关注市场趋势和交易策略。构建传统投资组合需要谨慎的资产配置、分散化、风险管理和考虑投资期限等多方面的策略。这些策略有助于平衡风险和回报，满足投资者的财务目标，并在不同市场条件下实现稳健的投资表现。投资者应根据自己的情况和需求来制定合适的投资组合策略。

（二）投资风格

传统投资模式下存在多种不同的投资风格，每种风格都有其独特的策略和目标。

1. 价值投资

价值投资的策略是寻找低估值的投资机会。这意味着投资者寻找被低估的股票或资产，通常以低市盈率或低市净率为特征。价值投资的目标是购买低估的资产，并在市场重新评估它们价值时实现资本增值。价值投资者通常更注重长期投资，而不是短期波动。

2. 成长投资

成长投资的策略是寻找高增长潜力的股票或资产。这种风格的投资者关注公司的盈利增长、市场份额扩展和创新能力。成长投资的目标是投资在具有高潜力的企业，并实现长期资本增值。成长投资通常涉及较高的风险，但也可能带来更高的回报。

3. 股息投资

股息投资的策略是寻找分红稳定且可持续的公司股票。这种投资风格的目标是获得股息收入,并在股价稳定或增长的情况下实现资本增值。股息投资通常是一种稳健的投资选择,适合那些寻求稳定现金流的投资者。

4. 基本面投资

基本面投资的策略是通过深入研究公司的基本经济指标来做出投资决策,包括分析公司的财务报表、行业地位、竞争力和管理团队。基本面投资的目标是根据公司的基本面价值来投资,并实现长期资本增值。

5. 技术分析投资

技术分析投资的策略是根据股票价格和市场趋势来做出投资决策。这种风格的投资者使用图表、趋势线和技术指标来预测价格走势。技术分析的目标是根据历史价格模式来获取短期或中期的投资机会。

6. 价值投机

价值投机的策略是寻找短期市场波动和价格变动的机会,以实现快速的资本增值。这种风格的投资者通常更关注短期事件和市场情况,以寻找投机机会。价值投机的目标是迅速获取利润。

不同的投资风格适用于不同的投资者和市场条件。投资者可以根据自己的投资目标、风险承受能力和市场观点选择适合自己的投资策略。在制定投资决策时,了解这些不同的风格和策略可以帮助投资者更好地规划和管理其投资组合。

(三) 投资绩效评估

衡量和评估传统投资模式下的投资绩效是投资管理的核心任务之一。这涉及使用多种方法来确定投资的成功与否,包括基准指数的比较、风险调整回报等。基准指数的比较是一种常用的方法。投资者通常会选择一个相关的基准指数,该指数反映他们所投资的资产类别或市场的表现。通过比较投资组合的回报与基准指数的表现,投资者可以评估其投资的相对表现。如果投资组合的回报高于基准指数,那么可以认为该投资是成功的。风险调整回报也是评估投资绩效的重要方法。投资者不仅关注回报率,还关注与其风险水平相比的回报。风险调整回报考虑投资组合的波动性和风险,以确定是否在承担适当风险的情况下实现良好的回报。常用的风险调整回报指标包括夏普比率和特诺雷比率。时间序列分析也是一种评估投资绩效的方法。通过观察投资组合的历史回报,投资者可以识别趋势和周期性波动,确定其长期绩效。时间序列分析可以帮助投资者识别是否存在过多的波动或不稳定性。投资绩效评估还会考虑其他因素,如成本和税收。成本包括交易费用、管理费用和其他相关费用,这些成本可以显著影响投资绩效。税收策略也可能影响投资回报,因此需要加以考虑。衡量和评估传统投资模式下的投资绩效是复杂而多维的任务。投资者需要综合考虑多种因素,包括基准指数的比较、风险调整回报、时间序列分析、成本和税收等。这些方法可以帮助投资者更加全面的了解其投资的成功程度,从而做出明智的投资决策。

二、新兴财务投资模式

新兴财务投资模式是指当代金融领域中不断涌现的创新投资方式，这些模式改变了传统投资模式的特点和方式，并在全球范围内引起了广泛的关注。区块链和加密资产投资模式已成为热门的趋势。区块链技术作为去中心化的分布式账本系统，为数字货币和资产提供了安全和透明的交易平台。加密资产如比特币、以太坊等不仅在全球范围内引起了广泛关注，也吸引了投资者的兴趣。这一模式使得投资者能够参与全新的资产类别，并为分散投资提供了机会。环保、社会和公司治理（ESG）投资模式日益盛行。这一模式关注企业的环境、社会和治理实践，投资者已将其纳入投资决策的因素之一。ESG投资不仅可以实现财务回报，还可以推动社会和环境可持续性发展。这一趋势引导企业更注重可持续性和社会责任，为投资者提供更多的选择。

创业公司和初创企业融资模式得到广泛关注。初创企业可以通过天使投资、风险投资、孵化器和加速器等途径获得资金。这一模式支持了创新和创业精神，促进了新产品和技术的发展。智能投顾（Robo-Advisors）和量化投资模式也深受投资者的青睐。智能投顾利用算法和人工智能技术来提供个性化的投资建议和组合管理。量化投资则侧重于使用数据分析和数学模型来制定投资策略。这两种模式提供了低成本、高效率和自动化的投资选项。私募股权和风险共享模式在企业融资中占据重要地位。私募股权投资允许企业融资，同时保持私有性。风险共享模式涉及与外部合作伙伴共享风险和回报，以共同推动项目或业务的发展。新兴财务投资模式为投资者和企业提供了更多样化、灵活和可持续的融资和投资机会，包括区块链和加密资产、ESG投资、创业融资、智能投顾、量化投资、私募股权和风险共享等模式。这一新兴模式反映了金融市场的不断演变和创新，为投资者和企业带来了更多的选择和机会，同时也带来了挑战和风险。在这个快速发展的领域中，不断的教育和风险管理变得尤为重要。

（一）另类投资

新兴投资模式中的另类投资包括大宗商品、风险投资、私募股权和区块链资产等，它们具有各自独特的特点和风险。大宗商品投资涉及购买和持有实物商品，如黄金、石油、大豆等。这种投资通常用于对冲通货膨胀风险或寻求多样化的投资组合。大宗商品的特点是价格波动较大，受供需、地缘政治和天气等因素的影响，因此具有较高的市场风险。风险投资是投资于初创企业或高增长潜力公司的一种形式。风险投资通常通过购买公司的股权来获得回报。它的特点是具有高风险和高回报的潜力，因为许多初创企业可能失败，但成功的投资可以带来巨大的回报。

私募股权是投资非上市公司的资本，通常由私人股本公司或风险投资基金管理。私募股权投资的特点是投资者需要长期持有，具有较低的流动性，但可能获得更高的回报。同时，私募股权市场也存在较高的信息不对称和风险。区块链资产是数字资产，如比特币、以太坊等，是基于区块链技术的。这些资产的特点包括去中心化、安全性和可追溯性。区块链资产市场也存在价格波动性较大、监管不确定性和技术风险等问题。另类投资具有多样化的特点和风险。投资者需要根据自己的风险偏好、投资目标和市场条件来选择合适的投资模式，并谨慎管理风险。不同的另类投资模式可以为投资组合提供多样化和增加回报的机会，但也需要深入了解和研究，以最大限度地降低风险。

（二）社会财务投资

社会财务投资是一种具有显著增长趋势的投资方法，它强调了社会和环境的可持续性发展，并同时追求投资者的价值观和利润目标。投资者越来越关注企业的环境表现，包括减少碳排放、资源有效利用和采用可再生能源。环保投资的目标是支持那些在环保领域表现出色的企业，并推动环保创新。投资者关心企业的社会责任和道德行为，包括员工福祉、社区参与和供应链透明度。社会责任投资的目标是支持那些在社会和伦理方面表现出色的企业，并鼓励企业承担更多社会责任。

投资者意识到只有在长期内实现可持续性，企业才能持续成功。可持续性投资的目标是支持那些在环境、社会和治理方面表现出色的企业，并促使企业在可持续性方面取得进展。社会财务投资包括其他领域，如社会创新、女性经济和多元化投资。投资者越来越多地将资本投入到这些领域，以推动社会变革和提高投资回报。社会财务投资的增长趋势反映了投资者对更有意义、更可持续的投资选择的需求,这一趋势有助于推动企业采取更加社会和环境友好的做法,同时也为投资者提供了机会,在实现财务回报的同时,为社会和环境做出积极贡献。随着社会财务投资继续蓬勃发展,它将不断塑造金融市场的未来,并引领更多的企业和投资者迈向可持续和有意义的投资未来。

(三) 投资策略

新兴财务投资模式带来多样化的策略和方法,这些策略和方法为投资者提供了更多选择,以实现更高的回报和更有效的风险管理。主动管理策略是一种新兴财务投资模式,它涉及投资组合策略的积极选择和管理投资,以超越市场基准。这种策略侧重于挖掘市场中的投资机会,通过研究和分析来做出投资决策,以实现超越管理的投资组合。主动管理策略通常需要更高的专业知识和研究成本,但可以为投资者带来更高的回报潜力。机器学习是一种基于人工智能的策略,已经在新兴财务投资模式中得到广泛应用。通过分析大量的市场数据和模式,机器学习算法可以发现潜在的投资机会和风险。机器学习可以自动执行交易,识别趋势和模式,帮助投资者更有效地管理投资组合。这种方法对大规模数据分析和高频交易效果显著。

新兴财务投资模式还包括社会责任投资(ESG)和可持续投资策略。这些策略强调投资具有社会和环境价值的企业或项目,以实现经济回报,以及社会和环境效益。ESG和可持续投资策略已经吸引了越来越多的投资者，他们将道德和可持续性因素纳入投资决策中。定量投资策略是一种新兴财务投资模式，它依赖数学和统计模型来做出投资决策。这种策略可以自动化执行交易，基于大量数据和历史表现来预测市场走势。定量投资策略可以帮助投资者更好地管理风险和提高回报。新兴财务投资模式为投资者提供了多种策略和方法，以满足不同的投资目标和风险偏好，包括主动管理、机器学习、ESG和可持续投资策略以及定量投资策略等。投资者可以根据其特定需求和目标选择最适合他们的策略，以实现更好的投资绩效。这反映了金融市场不断演变和创新的本质，为投资者提供更多的选择和机会。

第三节 财务营运资金管理模式

财务营运资金管理是企业管理中的一个关键方面，它涉及管理资金的流动，以确保企业的正常运营和发展。

资金筹集是财务营运资金管理的一部分。企业需要确保有足够的资金来满足日常运营的资金需求，包括支付供应商、工资、租金等。为了筹集资金，企业可以采用不同的方法，如自有资金、借款、发行股票或者销售资产等。选择合适的资金筹集方式是财务营运资金管理的一个重要决策。资金分配是管理视角下的关键因素。筹集资金后，企业需要决定如何分配这些资金以满足各种需求，包括分配资金用于日常运营、投资项目、偿还债务和分配股利等。资金分配需要综合考虑企业的战略目标、风险偏好和长期发展计划。现金流量管理也是财务营运资金管理的一部分。企业需要密切监控现金流入和流出，以确保资金充足，避免资金短缺或过多闲置。现金流量管理涉及预测未来的现金流动，以便提前做出调整，确保企业具有足够的流动性资金。

财务营运资金管理还需要保留适当的储备金。企业需要保持一定数量的现金储备，以应对突发事件或不稳定的市场条件。这种储备金可以用来支付意外的支出或抵御不利的经济环境。储备金的管理需要谨慎，以确保它们足够但不能过多。风险管理也是管理视角下财务营运资金管理的一部分。企业需要识别和管理各种风险，如市场风险、信用风险和流动性风险等。有效的风险管理可以降低资金损失的风险，确保企业的长期稳定运营。管理视角下的财务营运资金管理是企业管理中的一个至关重要的方面。它涉及资金筹集、分配、现金流量管理、储备金管理和风险管理等多个方面。有效的财务营运资金管理可以确保企业具有足够的资金来支持日常运营和长期发展，从而为企业的成功和可持续增长创造有利条件。这需要细致的规划、战略决策和风险管理，以适应不断变化的商业环境和市场条件。

一、传统财务营运资金管理模式

传统财务营运资金管理模式是组织用来管理日常业务运营中所需的资金的一种传统方式。它涉及现金流管理、应收账款管理、应付账款管理和存货管理等多个方面。现金流管理是传统财务营运资金管理的核心。它包括监控和管理组织的现金流入和流出，保证有足够的现金来满足日常业务需求。现金流管理涉及制定预算、跟踪现金流、管理短期投资和维护紧密的银行关系，以确保资金的流动性和可用性。应收账款管理是财务营运资金管理的重要组成部分。组织需要有效地管理客户的账款，保证及时收款并降低坏账风险，包括制定信用政策、监控账款逾期情况、采取催收措施和与客户协商支付条件等。

应付账款管理也是重要的一环。组织需要延迟支付供应商的账款，以延长资金周转周期。应付账款管理涉及优化支付时机、协商优惠条件、审查供应商合同和控制开支等。存货管理是传统财务营运资金管理模式中的另一个关键方面。组织需要确保存货水平适当，以满足客户需求，同时最大限度地减少库存成本和仓储费用。存货管理包括制定采购计划、优化库存转换周期、监控库存水平和处理滞销存货等。传统财务营运资金管理模式还需要考虑短期负债和长期资产之间的平衡关系。管理层需要确保短期负债（如短期借款）用于支持短期资产（如应收账款和存货），避免流动性风险。同时，也需要谨慎管理长期资产（如设备和房地产），以确保它们的价值和效益。传统财务营运资金管理模式涵盖了现金流管理、应收账款管理、应付账款管理和存货管理等多个方面。这些管理实践有助于确保组织能够有效地管理日常业务运营中所需的资金，同时最大化资本的使用效率，降低风险，并支持长期财务稳健。这一模式对组织的经济健康和可持续增长至关重要。

（一）营运资金的定义

营运资金，是指组织用于日常运营活动的资金，用于满足其短期运营需求，包括购买原材料、支付工资、应付账款、维护设备、支付运营费用等。营运资金可以被看作是企业运作的血液，它是维持正常运营的关键资金。营运资金的重要性在于它直接影响着组织的流动性和稳定性。组织需要足够的营运资金来确保正常运营，否则可能会面临支付供应商、工资、租金等的困难。没有足够的营运资金，企业可能无法满足其短期债务和运营需求，最终出现财务危机。

营运资金也在组织的成长和发展中扮演着关键的角色。充足的营运资金可以支持库存扩大、销售增长和新项目的启动。它为企业提供了灵活性，使其能够迅速应对市场变化和把握商机。管理营运资金也是财务管理的一个重要方面。通过有效管理账款、库存和应付账款等元素，组织可以优化资本的使用，降低成本，提高效率。合理管理营运资金还有助于降低财务风险，维护信用评级和投资者信任。

营运资金是组织日常运营不可或缺的资金，直接影响其流动性、稳定性和发展。管理和维护足够的营运资金对确保组织的正常运营和可持续发展至关重要。有效管理营运资金有助于提高财务效率、降低风险，并为未来的增长和机会创造条件。

（二）营运资金管理的目标

传统模式下的营运资金管理旨在实现多个主要目标，以确保企业的财务稳健和持续经营。流动性是企业生存和发展的生命线。通过合理管理营运资金,企业可以确保在应对突发事件、支付短期债务或投资新机会时有足够的现金流,有助于规避流动性风险,并维持企业的稳健运营。成本最小化是营运资金管理的重要目标之一。企业需要确保资金的有效使用,以降低融资成本。通过合理管理库存、应收账款和应付账款等资产和负债,可以减少资金占用和财务费用,从而提高盈利能力。

降低风险也是目标之一。通过管理营运资金,企业可以降低不必要的风险,如信用风险和市场风险。及时清算应收账款、妥善处理库存和优化应付账款可以降低企业面临的风险。另一个重要目标是提高效率。有效管理营运资金可以减少资金的占用时间,提高现金周转率,并加速业务进程。这有助于提高企业的竞争力和市场反应速度。优化投资回报也是营运资金管理的目标之一。通过将多余的现金用于投资或债务偿还,企业可以实现资本的最佳利用,提高投资回报率。传统模式下的营运资金管理旨在确保企业具有足够的流动性来应对需求,同时降低成本、降低风险、提高效率和优化投资回报。这些目标的实现有助于企业实现财务健康,提高竞争力,并在不断变化的市场环境中取得成功。因此,合理管理营运资金是企业财务管理的重要组成部分。

(三) 资金运用

资金运用方面的策略对企业的财务管理至关重要,其中包括应收账款管理、存货管理和应付账款管理等。应收账款管理是保证企业及时收取客户欠款的关键策略。企业应采取措施来确保客户按时支付未清账款,以减少资金闲置,包括建立明确的账款收款政策,设定合理的信用限额,及时追踪欠款并采取适当的催款措施。通过高效的应收账款管理,企业可以提高现金流入,提高资金运用效率。存货管理涉及确保企业的存货水平处于适当水平,避免出现过度库存或库存不足的问题。过多的库存会占用资金,并可能导致资金的浪费,而库存不足可能影响生产和销售。因此,企业需要建立有效的库存管理策略,包括定期审查库存水平,优化采购和生产计划,以确保存货的合理水平。应付账款管理是确保企业按时支付供应商的账款的关键策略。企业应该努力维护与供应商的良好关系,同时也要确保支付条件符合合同和协议。管理应付账款的目标是在充分利用供应商提供的信用期限的同时,最大限度地减少延迟付款的情况,维护供应链的顺畅运作,并提高资金利用率。资金运用方面的策略对企业的财务健康至关重要。有效的应收账款管理、存货管理和应付账款管理可以提高资金的运用效率,增加现金流入,并降低资金的浪费和风险。这些策略需要与企业的整体财务战略相一致,并根据市场条件和经营需要进行不断调整和优化。通过精准的资金运用策略,企业可以提高盈利能力,增强竞争力,实现可持续发展。

二、新兴财务营运资金管理模式

新兴财务营运资金管理模式是企业在管理其日常运营所需资金时采

用的创新方法。这一模式强调资金的高效利用、风险管理和战略规划，以确保企业能够满足其短期和长期的资金需求，并实现可持续的经营成功。也强调现金流管理的重要性。企业需要仔细监控和规划现金流，确保足够的现金可用来支付日常开支，如员工工资、供应商付款和债务偿还。现代企业越来越依赖于数据分析和预测模型来优化现金流，以规避流动性问题。新兴财务营运资金管理模式倡导供应链融资和库存管理的创新方法。企业可以通过与供应商和合作伙伴建立紧密的关系，共享信息和风险，以提高供应链的效率和可靠性。同时，优化库存管理可以减少存货成本和提高资金利用率。

这一模式关注短期融资和资本结构的优化。企业可以考虑使用短期贷款、商业信用和票据来满足短期资金需求，以降低债务负担。企业也应该考虑资本结构的优化，包括债务和股权的比例，确保最佳的融资结构。新兴财务营运资金管理模式倡导风险管理的全面方法。企业需要识别、评估和管理与资金管理相关的风险，包括市场风险、信用风险、流动性风险和操作风险等。这可以通过使用金融工具、保险和多样化投资组合等策略来实现。这一模式强调技术和数据分析的应用。现代企业越来越依赖于财务管理软件和数据分析工具，以更好地管理资金、监控现金流和进行决策支持。这有助于提高决策的准确性和速度，降低错误率。新兴财务营运资金管理模式是一种综合的方法，旨在确保企业能够高效地管理其日常运营所需的资金，包括现金流管理、供应链融资、库存管理、短期融资、资本结构优化、风险管理和技术应用等多个方面。

这一模式有助于企业确保资金的可用性、降低成本、降低风险,支持可持续的经营成功。在竞争激烈的商业环境中,有效的财务营运资金管理是企业成功的关键之一。

(一)融资创新

新兴融资方式如供应链融资和数字化贸易金融正在改进资金的流动性并降低资金成本,为企业提供更多的融资选择和商业机会。供应链融资是一种基于整个供应链的融资模式,它允许企业以供应链上的应收账款或库存为抵押来获得融资。这种方式有助于优化资金在供应链中的流动,缩短支付周期,提高资金使用效率,从而降低融资成本。供应链融资对供应商和买方都有利,有助于加强合作伙伴联系,同时降低信用风险。数字化贸易金融是利用数字技术和区块链等新兴技术来改进贸易金融流程的方式,包括数字化合同、智能支付、数字货币和供应链可追溯性等创新。数字化贸易金融有助于减少纸质文件的使用和省略中介环节,提高交易的透明度和效率,降低融资成本。它还有助于解决跨境贸易中的支付和结算问题,从而促进国际贸易的发展。

这些新兴融资方式对企业具有多重好处。它们提供了更便捷、快速和便宜的融资途径,有助于缓解资金压力,特别是对中小企业。它们改善了供应链管理和贸易金融流程,有助于提高效率和降低运营成本。新兴融资方式也伴随着一些挑战,包括数字安全风险、监管合规性和技术风险等。因此,企业需要谨慎选择合适的新兴融资方式,并充分了解其特点和风险。综合来看，供应链融资和数字化贸易金融等新兴融资方式为企业提供了更多的融资和贸易选择，有助于改进资金流动性和降低资金成本，促进商业发展。

（二）预测和规划工具

新兴财务营运资金管理模式强调了先进的预测和规划工具，以应对不断变化的市场和经济环境。现金流预测是新兴营运资金管理的核心。通过详细的现金流预测，企业可以准确估算未来的资金需求和流动性状况。这有助于企业及时准备足够的资金，规避流动性风险，并优化现金管理策略。现金流预测还可以帮助企业识别未来的现金峰值和低谷，以更好地应对季节性或周期性的资金波动。

敏感性分析是一种重要的工具，可以帮助企业了解不同因素对营运资金的影响。通过变动关键变量，如销售增长率、成本变动和付款延迟，企业可以评估不同情景下的现金流情况。这有助于识别潜在的风险和机会，制定更灵活的资金管理策略。另一个重要的工具是资金预测模型。这些模型基于历史数据和未来预测，可以帮助企业建立对资金需求的深刻理解。通过不断更新和优化这些模型，企业可以更好地管理和规划资金，以确保有足够的流动性来支持业务需求。新兴营运资金管理还包括高级技术工具，如人工智能和大数据分析，这些工具可以帮助企业更准确地预测现金流，并发现隐藏的趋势和模式。通过智能算法，企业可以实时监控现金流，并及时采取行动，以优化资金管理。

新兴模式还强调跨部门协作和信息共享。企业部门之间的合作可以更好地协调资金需求和供应，降低内部流动性风险。信息共享也有助于更准确地识别和解决潜在的资金瓶颈。新兴财务营运资金管理模式借助先进的工具和技术，如现金流预测、敏感性分析、资金预测模型和高级技术工具，可以实现更精确、更灵活的资金管理。这有助于企业更好地应对市场的不确定性和挑战，确保有足够的流动性来支持业务增长和发展。这种新兴模式的采用可以提高企业的竞争力，为可持续的经营成功打下坚实的基础。

第四节 财务利润分配管理模式

管理视角下的财务利润分配管理模式是组织中关键的决策和实践，涉及利润的分配、股东回报、再投资和财务规划等方面。利润分配是一个关键决策，涉及将企业的盈余分配给不同的利益相关者。管理层需要确定如何分配利润，包括支付股东股息、再投资盈余等，用以支持企业增长、还债、支付薪酬和纳税等。分配方式可以通过现金分红、股票回购、红利再投资计划等形式进行。股东回报是财务利润分配的一个重要方面。管理层需要决定股东应该获得多少回报，以吸引投资和维护投资者的信任，包括制定股息政策和股票回购计划，以确保股东获得适当的回报。再投资是财务利润分配中的关键决策。管理层需要考虑将多少盈余用于再投资，以支持企业的增长和发展。再投资可以用于扩大生产规模、研发新产品、并购其他公司或偿还债务等。再投资的决策需要综合考虑风险、市场机会和企业战略。财务规划也是管理视角下的重要任务。管理层需要规划如何有效地管理盈余，以满足未来的财务需求，包括现金流规划、预算制定、长期财务规划和风险管理等。财务规划有助于确保组织能够应对不确定性和变化，同时保持财务稳健。

管理层还需要考虑股东和利益相关者的期望和需求。他们需要与投资者、董事会、监管机构和员工保持积极的沟通，并提供有关财务利润分配决策的透明信息。这有助于建立信任、确保合规性，并维护公司的声誉。管理视角下的财务利润分配管理模式涉及多个方面，包括利润分配、股东回报、再投资、财务规划和与利益相关者的沟通。管理层需要权衡各种因素，以制定明智的决策，确保组织能够实现长期成功和可持续增长。这个模式对维护投资者信任、支持企业增长和管理财务资源至关重要。

一、传统财务利润分配模式

传统财务利润分配模式，是指组织在经济活动中获得的利润如何分配给各利益相关者的一种传统方式，这个模式涉及股东回报、再投资、红利支付、债务偿还等多个方面。股东回报是传统财务利润分配模式的关键要素之一。股东回报涉及将一部分利润分配给公司的股东，通常以股息或股票回购的形式进行。这有助于吸引投资者并维护股东的利益，同时提高公司的市场声誉。再投资是传统财务利润分配模式中的重要部分。组织可以选择将一部分或全部利润再投资到业务中，以支持公司的增长和发展。再投资可以用于研发新产品、扩大市场份额、提高生产能力或进行并购等。

红利支付也是一种传统的分配方式。公司可以选择向股东支付现金红利，这通常是按股东持有的股份比例分配的。红利支付提供了现金回报，对那些依赖股息收入的投资者来说尤为重要。债务偿还是传统财务利润分配模式的一部分，涉及偿还到期的债务。公司需要根据债务合同的要求按时支付利息和本金，以维护信用评级和债务偿还能力。同时要考虑再投资和分配之间的平衡。管理层需要权衡将多少利润用于再投资，用以支持增长，以及将多少利润分配给股东，满足他们的期望和需要。传统财务利润分配模式涵盖了股东回报、再投资、红利支付和债务偿还等多个方面。这些决策对公司的财务稳健和股东满意度至关重要。通过合理的分配利润，公司可以实现可持续增长，同时维护良好的股东关系。

（一）利润分配的基本原则

财务利润分配的基本原则包括股东分红、储备金和税收等方面的考虑，这些原则有助于组织合理分配和管理盈利。股东分红是将盈利的一部分返还给公司股东的一项基本原则。股东分红通常以现金或股票的形式发放，作为股东对公司投资的回报。分红政策可以根据公司的盈利状况、资本需求和股东期望而有所不同。分红有助于吸引投资者，并增强股东的信心和满意度。储备金是公司保留部分盈利以应对未来需求和风险的原则。储备金通常分为一般储备金和特定储备金。一般储备金用于应对未来的经营风险和不确定性，如市场波动或突发事件。特定储备金用于特定用途，如研发投资或固定资产的更新。储备金有助于维持公司的流动性和稳定性，确保有足够的资本支持未来的增长和发展。

税收是财务利润分配的一个重要考虑因素。税收规定和税率会影响盈利分配的决策。不同国家和地区的税法和税收政策各异，因此，公司需要谨慎规划盈利分配，以最大限度地降低税收负担。税务筹划可以包括合法的税收减免、折旧和摊销等策略。财务利润分配的基本原则包括股东分红、储备金和税收等。这些原则有助于公司合理分配和管理盈利，满足股东需求，维持流动性和稳定性，并降低税收负担。分红、储备金和税务筹划是公司财务管理中重要组成部分，需要谨慎考虑和规划。

（二）储备金管理

储备金管理对企业的未来成功至关重要，它可以用来应对未来的风险和机会。企业应该明确定义储备金的目的和用途，以确保其在未来的风险和机会中得到最有效的利用，这包括确定适当的储备金水平，以满足潜在的财务需求。多元化储备金投资是关键策略之一。将储备金投资于不同类型的资产类别，如现金、债券、股票和其他投资工具，可以降低风险并提高回报潜力。多元化投资可以降低储备金受特定市场或行业波动的影响。建立紧急储备金是一项重要的举措。这种储备金用于应对突发事件或紧急情况，如自然灾害、市场崩溃或不可预见的财务需求。紧急储备金应该保持高度流动性，以确保可以随时提取并满足紧急情况下的资金需求。

定期审查和更新储备金策略也至关重要。企业的财务状况、风险和机会都可能发生变化，因此储备金策略需要不断调整以适应新的情况。定期审查储备金投资组合的性能，并根据需要进行重新分配，以确保最佳的储备金管理。储备金管理需要透明和负责任。企业应该建立适当的内部控制和报告机制，以监督储备金的使用和管理。透明度和负责任性有助于确保储备金不被滥用或误用，并可以提高投资者和利益相关者的信任度。储备金管理是一项关键的财务策略，可以帮助企业应对未来的风险和机会。通过建立清晰的政策、多元化投资、建立紧急储备金、定期审查和保持透明负责任，企业可以有效地管理储备金，确保其在需要时可用，并在不断变化的经济环境中取得成功。这种管理方法有助于提高企业的财务稳健性和可持续性。

（三）税收策略

传统模式下的税收策略在企业财务管理中具有重要意义，其中包括利润避税和税收规划。利润避税是一种常见的税收策略，企业通过合法手段来减少应纳税利润，以降低税收负担，包括合理利用税法中的折旧、摊销、减值和税收减免等政策。企业可以选择最佳的税收结构，如选择合适的税务管辖区，以降低税收成本。企业可以优化财务结构，合理分配成本和收入，以最大限度地减少应纳税额。然而，利润避税策略需要谨慎操作，必须确保合规性，避免触犯税法。税收规划是一种长期的税收管理策略，旨在最大限度地降低整体税收负担。企业可以通过多种方式进行税收规划，如选择适当的税务管辖区、最佳时间管理税款支付、优化资本结构和股权安排等。税收规划还可以包括跨国企业的国际税务规划，以最大限度地降低跨国经营所涉及的税务风险。这种策略需要与税务专家密切合作，保证遵守税法并最大限度地降低税收负担。合规性和透明度对传统模式下的税收策略至关重要。企业应当遵守适用的税法，确保报告和申报的准确性。合规性有助于降低潜在的法律风险和罚款，同时也有助维护企业的声誉。透明度则涉及向税务机关和利益相关者提供准确的税务信息，以建立信任关系并降低潜在的调查风险。

传统模式下的税收策略对企业财务管理意义显著。利润避税和税收规划是有效降低税收负担的关键手段，但需要谨慎操作且必须合规。税收策略需要与税务专家密切合作，并根据企业的特定情况和战略进行调整和优化。税收策略应当与企业的整体财务战略相一致，以实现财务目标并确保长期可持续发展。

二、新兴财务利润分配模式

新兴财务利润分配模式，是指企业在决定如何分配其盈利时采用的创新方法。这些模式不仅影响股东回报，还关系企业的可持续性和社会责任。员工激励计划成为越来越受欢迎的利润分配方式。企业将一部分利润用于员工奖励和激励，如股票期权、绩效奖金和员工股份计划。这有助于吸引和留住高素质的员工，激发他们的工作动力，并与企业的成功挂钩。社会责任和可持续性投资模式日益受到重视。企业将一部分盈利用于社会和环境项目，以回馈社会、改善社会福祉和推动可持续发展。这种模式强调了企业的社会责任，并能够提高企业的声誉和品牌价值。

股利再投资计划成为一种常见的利润分配方式。企业鼓励股东将股利再投资到公司股票中，以支持企业的增长和发展。这有助于企业保持流动性并降低融资成本。股权回购计划也在新兴财务利润分配模式中占有一席之地。企业回购自己的股票，以提高每股股价并回报股东。这种模式可以用于管理公司的资本结构，增加股东价值。利润分享计划也变得越来越常见。企业与员工、供应商或其他合作伙伴共享一部分盈利，以激励合作伙伴共同努力，实现共同的成功。这有助于建立紧密的联系，并实现共同的业务目标。

新兴财务利润分配模式反映了企业在决定如何使用其盈利时越来越关注社会责任、可持续性、股东回报和合作伙伴关系，包括员工激励计划、社会责任和可持续性投资、股利再投资计划、股权回购计划和利润分享计划等模式。企业可以根据其特定的价值观、战略目标和股东期望来选择合适的利润分配方式，以实现长期的经营成功和社会价值的创造。这些新兴模式也有助于塑造企业的声誉和品牌形象，为未来的发展奠定坚实的基础。

(一) 股权激励计划

股权激励计划是一种常用的管理工具，旨在激励员工和管理层为公司的成功做出更多的贡献，促进公司的成长和价值提升。这包括员工股票期权和股票奖励计划。员工股票期权是一种计划，允许员工以优惠价格购买公司股票的权利。这种权利通常在一段时间内逐渐解锁，鼓励员工长期留在公司，并与公司的成功紧密相关。员工股票期权的优势在于激励员工参与公司的长期增长，因为他们只有在公司股票表现良好时才能获益。员工股票期权还可以帮助公司吸引和留住高素质的员工，提高员工的忠诚度。股票奖励计划是另一种股权激励计划，通常以公司股票的形式授予员工。与员工股票期权不同，股票奖励计划通常没有购买成本，而是赠送给员工。这些奖励通常受到一定的归属条件和绩效目标的约束。股票奖励计划鼓励员工积极参与公司的发展，因为他们只有在实现一定的目标时才能获得奖励。这种计划有助于提高员工与公司利益的一致性，推动绩效提升。股权激励计划的使用有助于提高员工的责任感和担当，激发创新和协作，提高公司的绩效。它们使员工感到他们与公司的命运息息相关，因此更有动力为公司的长期成功和价值创造而努力工作。然而，股权激励计划也需要谨慎设计和管理，以确保与公司的战略目标和利益一致，并要遵守相关的法规和税收规定。

（二）财务创新工具

新兴的财务创新工具在管理利润分配方面发挥着重要作用，为企业提供了更多的灵活性和选择。债务融资是一种常见的财务创新工具，它允许企业通过借款来融资，并以未来的利息支付来管理利润分配。债务融资可以帮助企业获得资金，同时避免立即分配利润。企业可以灵活管理债务的还款时间和利率，以满足财务需求。债务转股是另一种创新工具，允许债务持有人将债务转换为股权。这种工具可以在需要时减轻债务负担，并为企业提供一种将债务转化为股权的方式，以管理利润分配。债务转股还可以增加股东的资本参与度，有助于强化企业的资本结构。

特殊股权结构也是一种创新工具，可以用来管理利润分配。特殊股权结构允许不同类别的股东享有不同的权益，如普通股和优先股。通过调整特殊股权结构，企业可以根据不同股东的需求和利益分配利润。这种工具可以帮助企业更好地平衡股权关系，吸引投资者并满足股东的期望。分红政策也是管理利润分配的重要工具。企业可以根据其财务状况和战略目标来制定分红政策，以决定何时和多少分红给股东。分红政策可以根据利润水平进行调整，确保企业有足够的现金流来支持日常经营和未来投资。新兴的财务创新工具为企业提供了更多管理利润分配的选项和策略。债务融资、债务转股、特殊股权结构和分红政策等工具可以根据企业的需求和目标来灵活调整，以帮助企业更好地管理其财务资源，满足不同利益相关者的需求，实现可持续的财务成功。但这些工具的运用需要慎重考虑，并需要结合企业的整体财务战略来制定和实施。

（三）风险管理

新兴财务利润分配模式下的风险管理方法至关重要，包括风险分散和投资组合多元化等策略。风险分散是一种关键的风险管理方法，涉及将资金分散投资于不同的资产类别或市场，以降低特定投资的风险。通过分散投资，投资者可以减少受单一资产或市场波动的影响，降低整体风险水平。这种策略要求投资者精心选择多个不相关的资产，以确保投资组合的分散性。投资组合多元化是新兴财务利润分配模式下的另一项关键风险管理策略。多元化涉及将资金分配到不同的投资类型，如股票、债券、房地产和可替代投资，以降低投资组合的整体风险。通过投资不同类型的资产，投资者可以实现更平衡的回报和风险，降低依赖单一资产类别的风险。

新兴财务利润分配模式下的风险管理还包括使用风险管理工具，如期权、期货和衍生品。这些工具可以用来对冲特定风险，如市场波动性或货币波动性，以保护投资组合免受不利市场条件的影响。然而，使用这些工具需要谨慎操作，并需要专业知识。风险管理需要综合考虑投资者的风险偏好和长期目标。不同的投资者有不同的风险承受能力和投资目标，因此风险管理策略应根据个体需求进行定制，包括确定适当的投资时间段、回报目标和风险限制。新兴财务利润分配模式下的风险管理方法至关重要，可以通过风险分散、投资组合多元化和使用风险管理工具等策略来降低投资风险。这些方法有助于保护投资者的资金，并增加长期投资的成功机会。风险管理应当与投资策略相一致，并根据市场条件和个体投资者的需求进行不断的调整和优化，以实现财务目标和可持续增长。

第五节 会计管理的核算模式

管理视角下的会计管理核算模式是组织用于记录、报告和分析财务信息的方法。这一模式强调财务数据的实时性、可靠性和决策支持性，以满足管理层的信息需求，实现战略目标和优化资源利用，同时注重财务数据的准确性和及时性。会计管理应确保财务数据的真实性，通过合理的会计政策和估计，反映组织的财务状况和经营成果。财务报表需要及时编制，以便管理层在需要时能够获得最新的财务信息，支持决策制定。这一模式强调了管理报告的重要性。管理层需要定制财务报告，以满足其具体的信息需求，包括分部门或分业务单元的报告、成本和收入分析、预算与实际绩效比较、市场份额和客户分析等。管理报告应具备可视化和可交互的特性，以帮助管理层更好地理解数据并做出明智的决策。

这一核算模式关注成本管理和效率。会计管理应该追踪和分析各种成本元素，包括直接成本、间接成本、固定成本和变动成本。这有助于识别成本效益不高的领域，并采取措施来提高效率，降低成本。会计管理应该支持预测和规划。管理层需要根据历史数据和市场趋势制定财务预测和计划,包括预测销售收入、成本、资本支出和现金流。预测和规划有助于优化资源配置和改进战略决策。这一核算模式关注风险管理和合规性。会计管理应确保遵守适用的会计准则和法规,并识别潜在的风险,包括市场风险、信用风险、操作风险和法律风险等。管理层需要了解风险并采取适当的措施来降低风险的影响。管理视角下的会计管理核算模式是一个综合的方法,旨在满足管理层的信息需求,支持决策制定和战略规划。它强调了财务数据的准确性、管理报告的重要性、关注成本管理和效率、预测和规划以及风险管理和合规性,有助于组织更好地管理财务资源,实现长期可持续的财务成功,并适应变化的市场条件和战略目标。

一、传统会计核算模式

传统会计核算模式是用于记录、报告和分析组织财务信息的一种传统方式。包括会计基础、会计周期、资产负债表和利润表等多个方面。会计基础是传统会计核算模式的基石,包括了会计原则和假设,用于指导财务信息的记录和处理。会计基础包括货币计量、会计实体、会计周期、历史成本、持续性假设和谨慎性原则等。会计周期是另一个重要的组成部分。传统会计核算模式通常采用年度会计周期,用以记录和报告一年内的财务活动,包括编制年度资产负债表和利润表,以便向内部和外部利益相关者提供全面的财务信息。

资产负债表是传统会计核算模式的关键组成部分。资产负债表用于展示组织的资产、负债和所有者权益的状况。它反映组织的财务健康状况，包括资产的价值、债务的水平和股东权益的规模。利润表也是传统会计核算模式的核心要素之一。利润表用于展示组织在特定会计周期内的收入、费用和净利润。它提供关于组织盈利能力的信息，包括毛利润和净利润。

传统会计核算模式还包括会计记录和报告的标准化方法。会计记录包括记录会计凭证、编制分类账、制作试算平衡和编制财务报表等过程。这些标准化方法有助于确保财务信息的准确性和可比性。传统会计核算模式是一种基于会计基础、年度会计周期、资产负债表和利润表等要素的传统方式，用于记录、报告和分析组织的财务信息。这一模式有助于提供组织的财务状况和盈利能力的全面视图，同时满足内部和外部利益相关者的信息需求。它是财务管理和决策制定的基础，对组织的财务透明度和合规性至关重要。

（一）会计周期

会计周期包括会计年度和会计期间，它们是财务报告编制的关键要素，对财务报告的准确性和可比性有着重大影响。会计年度是公司在财务报告中所采用的会计时间框架。会计年度通常为一年，但也可以是其他时间段，如财政年度。会计年度的选择是根据公司的需求和法规来确定的,它有助于将财务信息按照一定的时间段划分,以便进行财务分析和比较。不同公司可以选择不同的会计年度,但一旦确定,通常会保持一致性。会计期间是会计年度内的具体时间段,通常为一个月或一个季度。公司可以选择采用月度或季度的会计期间,以便更准确地跟踪财务业绩。会计期间的选择可以根据公司的需求进行调整,但必须在会计年度结束时进行结算,以确保财务数据的完整性。

会计周期的选择对财务报告产生了重大影响。不同的会计周期可以导致财务数据的波动性,影响财务比较和分析的准确性。如,如果公司选择季度会计周期,财务数据可能会显示季度内的波动,而不是全年的趋势。这对投资者、管理层和利益相关者来说都具有重要意义,因为它们依赖于财务报告来做出决策。会计周期是财务报告的基本构成要素,包括会计年度和会计期间的选择。正确选择和管理会计周期对于确保财务报告的准确性、可比性和一致性至关重要。公司需要根据其业务需求和法规要求来确定最合适的会计周期,以提供有价值的财务信息。

(二) 会计政策和估计

会计政策的选择和会计估计的制定是财务报表编制过程中的重要方面,对企业的财务透明度和可比性至关重要。会计政策的选择涉及一系列决策,包括会计方法、计量基准和披露政策等。企业必须根据国际会计准则或国家会计准则的要求来选择合适的会计政策。不同的会计政策可能造成不同财务报表的呈现,因此必须在合法合规的框架内进行选择。会计政策的一致性和连续性非常重要，可以确保财务报表的可比性。

会计估计的制定涉及对未来不确定事件的预测和估计，包括减值准备、折旧摊销、坏账准备等方面。企业必须依赖可用信息和专业判断来进行估计。减值准备是对资产价值的减少进行估计，反映可能的损失。折旧摊销是对长期资产的使用寿命和价值进行估计，确定资产的递减价值。坏账准备是对应收账款的未来回收可能性进行估计，反映可能的损失。这些估计和预测必须具有谨慎性和合理性，从而确保财务报表的可信度。企业必须不断评估和更新这些估计，以反映新信息和变化的情况。会计政策和估计必须在财务报表中进行适当的披露，以向利益相关者提供透明和详尽的信息。会计政策的选择和会计估计的制定是企业财务报表编制的核心环节。它们需要依据相关的准则和法规来制定，同时要保持一致性、合理性和透明度。正确的会计政策和估计可以帮助企业准确反映其财务状况和经营成果，提高财务报表的质量，增强投资者和其他利益相关者对企业财务信息的信任度。

二、新兴会计核算模式

新兴会计核算模式，是指当代会计领域中涌现出的创新方法和模式，旨在更好地满足组织的财务信息需求，并提供更准确、实时和有洞察力的会计信息。数据驱动的会计核算模式变得越来越重要。该模式强调数据分析和大数据技术的应用，以更深入地理解企业的财务绩效和趋势。

通过收集、存储和分析大规模数据，会计可以提供更多关于企业运营和未来预测的信息。可持续会计核算模式越来越受关注。该模式将环境、社会和治理（ESG）因素纳入会计核算中，以衡量企业的可持续性表现。会计师需要考虑ESG数据，为内部和外部利益相关者提供有关企业社会责任和可持续性的信息。

云会计核算模式的不断发展。云计算技术使会计信息能够在云上存储和访问，可以提供更灵活的数据共享和协作机会。这有助于多个部门和团队更轻松地访问和分析会计信息，提高工作效率。区块链技术也为新兴会计核算模式提供了创新的途径。区块链可以提供安全、透明和不可篡改的交易记录，有助于减少欺诈和错误行为的出现。这对审计和财务核算来说是一个重要的进展。

人工智能（AI）和自动化技术正日益应用于会计核算。AI可以自动处理重复性任务，如数据输入和分类，减少错误率和提高效率。这使会计能够更多关注战略性任务，如风险管理和决策支持。新兴会计核算模式反映了当代会计领域的不断创新和进步。这些模式包括数据驱动的核算、可持续会计、云会计、区块链技术和人工智能的应用，旨在提供更准确、实时和洞察力的会计信息，以满足不断变化的商业需求和法规要求。在数字化时代，会计核算不断演变，为组织提供更多的工具和资源来管理财务信息，并能够做出更加明智的决策。

（一）现代会计技术

现代会计技术的应用，如云会计、区块链和人工智能，对提高会计数据的处理效率和准确性产生了显著影响。云会计是一种基于云计算技术的会计方式，使会计数据能够在线上轻松访问和共享。通过云会计，会计数据可以实时更新，多用户可以同时访问和编辑数据，而不受地理位置的限制。这提高了数据的可用性和协作性，降低了错误率和数据丢失的风险。云会计还提供安全性和备份功能，保护数据的完整性和可靠性。区块链技术在会计领域的应用也日益增多。区块链是一种分布式账本技术，允许多个参与者在网络上共享和验证交易数据。在会计中，区块链可以确保交易的透明性和不可篡改性，降低数据造假和欺诈的可能性，提高了会计数据的准确性和可信度，降低审计成本，并提高财务报告的质量。

人工智能（AI）的应用也在会计中发挥了重要作用。AI可以自动化数据分析、分类和报告生成，减少手工处理的工作量，提高数据处理的速度和准确性。如，AI可以识别异常交易、检测欺诈行为和生成复杂的财务报告，帮助会计更快速、更准确地完成工作。AI还可以提供数据预测和趋势分析，帮助企业做出更明智的财务决策。现代会计技术的应用，如云会计、区块链和人工智能，为会计领域带来了革命性的变革，提高了数据处理的效率和准确性，降低了错误和欺诈的风险，提高了财务报告的质量。会计领域将继续受益于这些创新技术的不断发展和应用。

(二)成本管理和绩效管理

成本管理和绩效管理是企业管理中至关重要的方面,它们为决策制定和业绩评估提供了关键的支持。成本管理涉及成本核算和管理会计。成本核算是追踪和记录企业的成本,以便了解资源的使用情况和成本结构。它可以帮助企业确定产品或服务的成本,以支持价格制定和盈利分析。管理会计则通过提供成本信息和绩效度量来支持内部决策制定。它可以帮助企业管理资源、控制成本、评估效率和制定预算。绩效管理涉及绩效度量和绩效评估。绩效度量是对企业运营和财务表现的定量评估,可以包括财务指标(如利润、现金流、回报率)和非财务指标(如客户满意度、市场份额、员工满意度)。绩效评估则是对这些绩效度量的分析和解释,以便理解企业的绩效状况并制定改进措施。

这两方面的重要性在于它们对企业的决策制定和业绩评估产生了积极的影响。通过成本管理,企业可以更好地了解资源的使用情况,识别成本效益不佳的领域,并采取措施进行改进,这有助于提高盈利能力、降低成本、增加效率,提高企业的竞争力。绩效管理则使企业能够明确业务目标,制定战略计划,并监测实际绩效与目标之间的差距。它可以帮助企业识别成功因素和问题领域,更好地应对市场挑战和机会。绩效评估还可以帮助企业制定奖励和激励计划,鼓励员工取得更好的绩效。成本管理和绩效管理在企业管理中具有至关重要的地位。它们提供了有关成本和绩效的关键信息，有助于企业做出明智的决策、优化资源分配并提高业绩。这两方面的有效实施可以提高企业的竞争力，实现可持续的增长和成功。

（三）数据分析和预测

新兴会计核算模式下，数据分析和预测应用变得越发重要，特别是大数据分析和预测建模。这些技术提供了更准确的决策支持，有助于企业更好地理解和应对不断变化的市场和业务环境。大数据分析在新兴会计核算模式中发挥关键作用。通过收集、存储和分析海量数据，企业可以发现隐藏在数据中有价值的信息。大数据分析揭示市场趋势、客户行为和竞争对手动向，帮助企业更好地预测市场变化和机会，如，通过分析大数据，零售商可以了解消费者购物习惯，制定更准确的库存管理策略，以满足需求，同时降低过多库存的风险。预测建模是新兴会计核算模式中的另一个重要工具。通过建立预测模型，企业可以基于历史数据和趋势进行未来业务情景的预测。这有助于制定更具前瞻性的决策和战略。如，金融机构可以使用预测建模来评估信贷风险，预测违约概率，并采取相应的风险管理措施。

新兴会计核算模式还可以通过数据分析来提高财务报告的准确性和透明度。自动化数据处理和分析工具可以减少错误和数据的不一致性，确保财务报表的准确性，有助于提高合规性，降低审计风险，并增强对利益相关者的信任。数据分析和预测在新兴会计核算模式下可以加强业务决策的可操作性。企业通过仪表板和数据可视化工具将复杂的数据呈现为易于理解的图形和图表，可以帮助管理层快速识别关键趋势和问题，有助于更迅速地做出决策，并优化业务运营。数据分析和预测在新兴会计核算模式下的应用是不可或缺的。大数据分析和预测建模提供了更准确的决策支持，有助于企业更好地理解市场、改善财务报告、预测未来情景，并提高决策的可操作性。这些技术不仅为企业提供了竞争优势，还为实现可持续增长和创新提供了强大的技术支持。

第五章　管理会计信息化及其创新

第一节　管理会计信息化

管理会计信息化,是指将信息技术应用于管理会计体系的建设和运作过程中,以提高管理决策的质量和效率。这一领域的发展对组织在面对不断变化的商业环境中更好地管理资源、制定战略决策至关重要。管理会计信息化强化数据收集和处理的能力,通过使用现代的信息技术工具,组织可以更快速、准确地收集、存储和处理大量财务和非财务数据。这为管理会计师提供了更多的数据来源,使其能够更好地理解组织的经营状况。管理会计信息化提高了数据分析和报告的效率。现代的会计软件和数据分析工具使管理会计师能够轻松地生成各种财务报表、预测模型和绩效指标。这有助于管理层更快速地做出决策,因为他们可以更容易地获取关键信息并分析其对组织的影响。

管理会计信息化加强了内部控制和风险管理。通过建立数字化审计轨迹和访问权限控制,组织可以更好地监控和保护敏感的财务数据,降低潜在的风险,确保财务信息的完整性和可靠性。管理会计信息化推动了决策支持系统的发展。现代的决策支持系统结合管理会计数据和业务智能，可以为管理层提供更深入的见解和预测，帮助他们更明智地制定战略决策。管理会计信息化是组织管理会计的一项重要工具，它提高了数据收集、处理、分析和报告的能力，提高内部控制和风险管理的水平，同时也支持更好的战略决策制定。在不断变化的商业环境中，管理会计信息化将继续发挥关键作用，以帮助组织适应并成功应对挑战。

一、管理会计信息化的基本概念和背景

管理会计信息化，是指运用信息技术和数字化工具来支持组织内部财务管理和决策制定的过程。这涵盖财务数据的采集、处理、分析和报告，以提供管理层所需的准确、实时的财务信息。背景是数字化时代的兴起和技术创新的蓬勃发展。随着信息技术的不断演进，传统的财务管理方法已经无法满足组织的需求，管理会计信息化应运而生，成为适应现代商业环境的必要举措。管理会计信息化的基本概念包括利用计算机系统、软件和网络技术来处理财务数据，实现数据的自动化和数字化。它旨在提高工作效率、降低错误率、加强内部控制，并为管理层提供更好的数据支持，以便制定战略决策和规划业务发展。管理会计信息化是适应数字化时代的必然趋势，它借助信息技术的力量，为组织提供了更强大的财务管理工具，以应对竞争激烈的商业环境和不断变化的市场挑战。它不仅提高了数据处理的效率和准确性，还为组织提供了更多的机

会以实现可持续发展和成功。

（一）管理会计信息化的定义

管理会计信息化，是指利用信息技术和数字化工具来支持组织内部的财务管理和决策制定过程。它包括数据的收集、处理、分析和报告，旨在提供有关组织财务状况的准确和实时信息。在组织内部，管理会计信息化具有重要性。它提高了财务数据的准确性和可靠性，降低了手工处理错误的风险，有助于管理层更好地了解组织的财务状况，做出更明智的决策。管理会计信息化提高了工作效率，加快了数据处理速度。这意味着管理层可以更快速地获取财务信息，及时做出反应，从而更好地应对市场变化和竞争压力。管理会计信息化还加强了内部控制和风险管理。它允许组织建立数字审计轨迹和访问权限控制，保护财务数据的完整性和机密性。管理会计信息化在组织内部的重要性体现在提高数据质量、工作效率和风险管理等方面，它有助于管理层更好地了解组织的财务状况，并做出更明智的战略和运营决策，从而促进组织的可持续发展。

（二）管理会计信息化的基本原则

管理会计信息化的核心原则是准确性，它们确保系统的有效性和可信度。由于不准确的数据做出的决策可能会导致严重后果，因此数据准确性是至关重要的。数据应该经过仔细验证和审核，确保其准确性和完整性。及时性是一个关键原则，这是因为管理决策需要及时的信息。

信息系统应该能够提供实时或近实时的数据，以支持迅速的反应和决策制定。可访问性是另一个关键原则，确保相关员工可以随时访问所需的信息，促进信息共享和协作，提高管理效率。信息的机密性和安全性也是核心原则，保护敏感数据免受未经授权的访问和威胁。系统的可扩展性和灵活性是关键原则之一，因为企业的需求可能会不断变化。系统应该能够适应新的业务要求和技术发展，以保持其长期有效性。综合来说，这些核心原则在管理会计信息化中起着重要的作用，保证了信息的质量、可用性和安全性，支持了管理决策和提高了业务效率。

二、管理会计信息化的应用和工具

管理会计信息化的应用和工具是现代企业管理的重要组成部分，它们有助于提高决策制定、资源管理和业绩评估的效率和质量。企业常常依赖于ERP系统（企业资源规划）来整合各个部门的数据和流程。这种系统提供了统一的信息平台，使企业能够更好地管理资源、协调运营，包括财务、采购、生产、销售等方面。商业智能工具（BI）被广泛用于数据分析和可视化呈现。BI工具可以帮助企业从大量数据中提取有价值的信息，识别趋势和机会，支持决策制定帮助管理层更好地了解市场、客户和竞争对手的情况。

预算和规划软件被用于制定、管理和监测预算、预测和计划。这些工具有助于企业优化资源分配、成本控制和业务增长，确保目标的实现。

成本管理系统是另一个重要工具，它可以帮助企业追踪和管理成本，包括制造成本、项目成本和运营成本等，有助于企业了解产品或项目的盈利能力，并制定成本优化策略。绩效管理工具用于设定关键绩效指标（KPIs），跟踪和评估员工和部门的表现。它们有助于提高绩效、激励员工，实现战略目标。管理会计信息化的应用和工具可以帮助企业更好地收集、分析和利用数据，支持决策制定和资源管理，提高管理效率和质量，帮助企业适应竞争激烈的商业环境，实现更好的绩效和提高竞争力。

（一）管理会计信息系统

管理会计信息系统的设计和实施是一个复杂而重要的过程，旨在支持数据的有效收集、处理和分析，以满足组织内部的管理需求。设计系统的数据收集模块，包括确定需要收集的财务数据类型和来源，以及建立有效的数据采集渠道，如自动化数据输入、数据导入和数据抓取。确保数据的准确性和实时性是关键目标。设计数据处理和存储模块，包括建立数据库系统、数据仓库或云计算平台，存储大量财务数据，并实施数据清洗、转换和加载（ETL）流程，以确保数据的一致性和可用性。设计数据分析和报告模块，这包括建立数据分析工具和仪表板，以支持管理层对财务数据的深入分析和可视化呈现，有助于决策制定和战略规划，强调数据安全和隐私保护，实施访问控制、数据加密和备份策略，以确保数据的机密性和完整性。进行系统实施和培训，可以确保系统的顺利运行,并培训用户,使其能够充分利用系统的功能和工具。管理会计信息系统的设计和实施需要综合考虑数据收集、处理和分析的各个方面。这有助于提高财务数据的质量、可用性和战略价值,支持组织的决策制定和业务运营。它是现代企业成功的关键因素之一。

(二) 预算和规划工具

预算和规划软件在企业中扮演着关键的角色,有助于资源分配和绩效管理。预算管理系统允许企业制定和管理预算,确保资源的有效分配。它们允许企业设定预算目标、跟踪实际支出,进行预算修订,并生成预算报告,有助于管理层了解财务状况,及时采取措施。财务规划工具可以帮助企业进行长期和短期的财务规划,模拟不同的业务方案,预测未来的现金流、盈利能力和财务状况。这有助于企业制定战略性的财务决策,如投资计划和资本支出。这些软件支持绩效管理,通过设定关键绩效指标(KPIs)和目标,跟踪实际绩效并进行比较,有助于评估员工、部门和项目的表现,激励改进和对业绩进行实时监测。预算和规划软件在资源分配、绩效管理和战略规划方面发挥着关键作用。它们可以帮助企业提高财务管理的效率和透明度,支持决策制定和业务增长,有助于实现长期的财务健康和提高竞争力。

第二节　管理会计信息系统的建设

建设管理会计信息系统是企业管理的关键组成部分。该系统的目标是提供准确、及时的管理信息，以支持决策制定、资源分配和业绩评估。管理会计信息系统需要明确定义企业的目标和需求。企业必须明确自身的战略目标和管理需求，以确保信息系统能够满足这些需求，包括确定所需的报告类型、信息级别和数据分析功能。信息系统的设计和实施需要考虑数据的准确性和完整性。数据质量对管理会计信息的可信度至关重要。因此，需要建立适当的数据收集、存储和处理流程，以确保信息系统能够提供准确的数据。

信息系统的界面和用户体验也需要考虑。系统应该易于使用和理解，以便各级管理人员能够轻松访问所需的信息。用户培训和支持也是系统成功的关键因素。信息系统应具备灵活性和可扩展性。企业的需求可能会随着时间而变化，系统应具备适应变化的能力，同时，系统应能够集成不同的数据源和应用程序，以便全面地支持管理决策。

信息系统的安全性也是关键因素。管理会计信息通常包含敏感数据，因此必须采取适当的安全措施来防止未经授权的访问和数据泄露。信息系统的维护和更新是持续的过程，需要定期审查和更新，以确保其与企业的需求和技术变化保持一致。管理会计信息系统的建设需要全面考虑企业的需求、数据质量、用户体验、灵活性、安全性和维护。

一个有效的信息系统可以为企业提供准确的管理信息,支持决策制定和业绩评估,可以提高管理效率和效益。

一、管理会计信息系统的规划和设计

管理会计信息系统的规划和设计是组织内部财务管理的重要组成部分。其核心目标是确保系统能够满足组织的需求,提供高效、准确的财务信息,支持决策制定和战略规划。规划和设计过程需要明确系统的目标和范围,包括确定需要支持的财务流程、数据收集和分析要求。清晰的目标有助于确保系统满足实际需求。要选择合适的技术和工具,包括选择适当的软件平台、数据库系统和网络架构,以确保系统的可扩展性和安全性。需要设计用户界面和报告系统,以确保管理层能够方便地访问和了解财务信息。用户友好的界面和易于生成的报告对决策制定至关重要。

规划和设计过程还需要考虑数据安全和备份策略。财务信息的保护和恢复计划是系统设计的重要组成部分。需要进行系统测试和培训,确保系统的正常运行和用户的熟练使用。培训员工以充分利用系统的潜力对成功实施至关重要。管理会计信息系统的规划和设计是一个复杂而细致的过程,需要综合考虑技术、流程和人员因素。它的成功实施有助于提高财务管理的效率和准确性,为组织的成功和可持续发展提供坚实的基础。

（一）系统规划

管理会计信息系统的建设是为了满足组织内部管理的需求，以支持决策制定和战略规划。为了确保系统的成功实施，需要明确系统建设的目标和需求，以及确定系统的范围和规模，需要管理会计信息系统来提高财务数据的准确性和实时性。财务数据是组织决策的基础，因此需要确保数据的可靠性，以便管理层能够做出明智的决策。

系统的目标是提高工作效率。通过自动化数据收集和处理，可以节省时间和资源，减少手动错误，使财务部门更加高效。系统需要支持数据分析和报告，以便管理层能够更好地理解组织的财务状况，并制定战略计划，有助于提高组织的竞争力和适应能力。需要明确系统的范围和规模，以确保系统满足实际需求，包括确定需要支持的财务流程、用户群体和数据量。明确的范围有助于减少不必要的复杂性和成本。管理会计信息系统的建设是为了提高财务数据的质量、工作效率和决策支持。明确系统的目标和需求，以及确定系统的范围和规模，有助于确保系统的成功实施，为组织的可持续发展提供坚实的基础。

（二）安全性和合规性

系统的安全性和合规性是企业财务信息化不可或缺的重要方面，关系数据的保护、合法性和可信度。数据保护是关键。企业的财务信息包含敏感的财务数据，如客户信息、财务报表等，必须受到严格的保护。系统应采取强大的加密技术，确保数据在传输和存储过程中不被非法访问或篡改。访问控制是必要的。只有经过授权的员工才能够访问系统中的敏感信息。强大的身份验证和访问控制机制应该被实施，以确保只有授权员工才能够获取敏感数据。合规性报告是不可或缺的。企业必须遵守法规和行业标准，确保其财务信息化系统的操作是合法的和规范的，合规性报告可以帮助企业证明其合法性，避免潜在的法律风险和罚款。

定期的安全审计和风险评估是维护系统安全性和合规性的关键步骤。这有助于及时识别和修复潜在的安全漏洞和合规问题。系统的安全性和合规性是企业财务信息化的基石，需要综合的技术、政策和程序来保护敏感数据，确保合法操作，并降低潜在的风险。这些措施有助于提高企业的信誉和稳健性，可以为长期成功打下坚实的基础。

二、管理会计信息系统的实施和维护

管理会计信息系统的实施和维护是一个复杂而持续的过程，它需要详细的计划和专业的管理。实施阶段需要明确的项目计划，包括确定实施目标、范围和时间表，分配资源和确定团队成员的职责。同时，需要识别潜在的风险和问题，并制定解决方案。选择合适的技术和软件是关键。系统应与企业的需求和现有基础设施相适应。在实施过程中，应该进行系统配置、测试和培训，以确保系统的稳定性和性能。

变革管理是至关重要的。员工需要适应新的系统和工作流程，因此培训和支持计划非常重要。管理层应该积极参与，推动变革并解决问题。

一旦系统实施完成，维护和监测是持续性的任务。这包括定期更新系统、处理问题和改进流程。同时，确保数据的质量和安全性也是关键任务之一。管理会计信息系统的实施和维护需要全面的规划、技术支持和变革管理。一个成功的实施和维护过程可以提高管理效率、决策质量和业务绩效，有助于企业实现长期成功提高和竞争力。

（一）系统实施

系统的实施过程是管理会计信息系统建设的关键阶段，涉及多个步骤，旨在确保系统的正常运行并进行软件部署。包括安装和配置系统所需的硬件和软件组件，以确保系统能够在组织的基础设施上顺利运行。将现有的财务数据迁移到新系统中，确保数据的完整性和准确性。这需要仔细规划和测试，以避免数据丢失或错误。组织开展培训。培训用户和管理员，使他们能够熟练使用系统的功能和工具。培训有助于确保系统的有效使用和价值最大化。进行系统测试。测试包括功能测试、性能测试和安全性测试，以确保系统能够满足预期的要求，并在正式上线前解决所有问题。进行系统上线。在经过充分的测试和培训后，正式启动系统，让用户开始使用它来支持日常财务管理和决策制定。系统的实施过程是确保管理会计信息系统正常运行的关键步骤。它需要仔细规划、充分测试和有效培训，以确保系统能够顺利投入使用，并为组织提供强大的财务管理工具。成功的实施过程有助于提高工作效率和数据质量，可以为组织的成功和可持续发展提供坚实的基础。

（二）系统维护和更新

系统的维护和更新策略对保持财务信息化系统的稳定性和竞争力至关重要。修复漏洞是维护的核心。随着时间的推移，系统可能会出现安全漏洞和错误，因此需要定期的安全补丁和修复程序，避免数据泄露和系统崩溃，维护系统的完整性和可靠性。增加新功能是系统更新的重要组成部分。随着业务需求的变化和技术的发展，系统需要不断进化。添加新功能可以提高效率、改善用户体验，并支持业务增长。这需要与业务部门紧密合作，确定新功能的需求，并确保其与现有系统的兼容性。适应变化的需求是关键。企业环境和市场条件可能会发生变化，系统需要能够迅速调整以满足新的需求，包括灵活性和可扩展性的设计，以及敏捷的开发和部署流程。

定期的性能监测和优化也是维护的一部分。系统的性能应该保持在最佳水平，以确保高效的运行和用户满意度。系统的维护和更新策略需要持续关注安全、功能和适应性。它们有助于保持系统的可用性、稳定性和竞争力，从而确保企业能够适应不断变化的商业环境，实现长期的成功和创新。

第三节　网络环境下会计信息服务平台的构建

在网络环境下构建会计信息服务平台是面向未来的关键举措。这一平台将为会计行业带来革命性的变革,提高效率、可靠性和可访问性。会计信息服务平台应该建立强大的云计算基础架构,以实现数据的存储、处理和共享。云计算提供了高度灵活性和可扩展性,使会计数据可以随时随地访问,同时确保了数据的安全性和完整性。平台应该整合先进的数据分析和人工智能技术。这将使会计信息可以更深入地分析,自动化处理冗长的任务,减低错误率,并提供实时的决策支持。如,自动化的会计分类和审计工具可以大大提高数据处理的效率和准确性。

会计信息服务平台应该支持数字身份验证和加密技术,以确保数据的安全性和隐私保护。这对敏感财务信息的保护至关重要,以防止未经授权的访问和数据泄漏。平台还应该提供多维度的数据可视化和报告功能,以满足不同用户的需求,从高级财务分析到简化的报告生成,用户可以根据自己的需求定制信息呈现方式。为了实现全面的会计信息服务平台,跨部门和跨组织的合作至关重要。这将确保数据的共享和互操作性,使不同部门和组织之间的信息流畅传递。网络环境下的会计信息服务平台将变革会计行业,提高效率、可靠性和可访问性。通过云计算、数据分析、人工智能和数字安全技术的整合,该平台将为用户提供更强大的工具,以支持决策制定、财务管理和合规性。同时,跨部门和跨组织的合作将确保平台的全面性和可持续性。

一、会计信息服务平台规划和设计

会计信息服务平台的规划和设计是一项关键任务，旨在满足组织内部的会计信息需求，提供高效、可靠的信息支持。明确定义平台的目标和范围，包括确定平台将支持的会计流程、用户需求和数据管理要求。明确的目标有助于确保平台满足实际需求。选择合适的技术和架构。选择合适的硬件、软件和数据库系统，以支持平台的高性能、可扩展性和安全性。技术选择需要与平台的目标一致。确保平台具有直观的用户界面，支持各种会计任务，如数据输入、报表生成和数据分析。平台还需要考虑数据安全和隐私保护。实施强大的数据加密、访问控制和备份策略，以确保数据的完整性和保密性。测试确保平台的正常运行和性能，培训用户以充分利用平台的功能和潜力。会计信息服务平台的规划和设计是一个综合性任务，需要考虑技术、流程和数据管理等多个因素。成功的规划和设计有助于提高会计信息的质量和可用性，为组织的决策制定和业务运营提供了有力的支持。

（一）平台目标

构建会计信息服务平台是出于满足组织内部会计信息需求的目的，以提高财务管理和决策支持的效率和质量。需要构建会计信息服务平台，因为现代企业面临着日益复杂和竞争激烈的商业环境。在这个环境中,及时、准确的会计信息对组织的成功至关重要。因此,需要一个强大的平台来处理和分析大量的财务数据,以支持决策制定和战略规划。

平台的主要目标是提高财务数据的质量和可用性。通过自动化数据收集和处理,减少人为错误,提高数据的准确性。通过可视化和报告工具,可以更好地呈现财务信息,使管理层能够更系统地理解组织的财务状况。平台的愿景是建立一个智能化的财务信息服务中心,可以通过云计算、大数据分析和人工智能等新兴技术来实现。这个平台将具有高度的可扩展性和灵活性,以适应不断变化的业务需求。它将支持实时数据访问,帮助管理层更快速地做出决策,并提高组织的竞争力。

构建会计信息服务平台是为了满足现代企业的财务管理需求。平台的主要目标是提高数据质量和可用性,其愿景是建立一个智能化的财务信息服务中心,以支持组织的成功和可持续增长。这个平台将成为组织内部财务决策的重要支持工具。

(二)用户需求分析

会计信息服务平台的成功取决于其能否满足各个用户群体的需求,包括会计师事务所、企业和政府监管机构。

对会计师事务所,他们需要一个强大的平台来支持审计和财务报表的编制。这意味着平台应提供准确、可追溯和易于审计的财务数据。它还应该具备数据分析和审计工具,以便进行全面的审计和风险评估。会计师事务所也需要方便的数据导出和报告功能,以满足客户的需求。

对企业，他们需要一个集成的平台来管理财务和会计数据，以支持决策制定和财务管理。平台应该能够自动化数据录入和报表生成，提高工作效率。企业还希望平台能够提供实时的财务分析和预测工具，帮助他们做出更明智的财务决策。

对政府监管机构，他们需要一个可靠的平台来监督企业的财务报告和合规性。平台应提供数据收集和监测功能，以确保企业遵守法规和报告准则。它还应该具备数据分析和报告工具，以支持监管机构的审计和调查。

会计信息服务平台应该考虑不同用户群体的需求，提供灵活、可定制的解决方案。这有助于满足各方的期望，促进数据共享和合作，提高财务信息化的效率和透明度，进而实现更好的财务管理和监管。

二、会计信息服务平台的实施和运维

会计信息服务平台的实施和运维是确保会计信息系统有效运作的关键环节。实施阶段需要明确的计划和目标，包括确定系统的功能和需求，以满足企业的会计和财务管理需求。在选择合适的技术和软件方面，需要充分考虑系统的可扩展性和集成性。系统的部署需要谨慎进行，包括硬件和软件的安装、配置和测试。系统的数据迁移也是一个重要环节，确保历史数据和现有数据无缝过渡。培训和变革管理是关键。员工需要适应新的平台和工作流程，因此培训计划和支持措施至关重要。管理层应积极推动变革,确保员工能够顺利适应。一旦系统上线,运维和维护是持续性的任务。这包括定期更新系统、监测性能、处理问题和确保数据的完整性和安全性。系统需要不断优化,以满足不断变化的需求和法规。会计信息服务平台的实施和运维需要全面的规划、技术支持和变革管理。一个成功的实施和运维过程可以提高会计信息的质量和可用性,支持企业的财务决策和监管合规,有助于企业实现长期的财务稳健和提高竞争力。

(一)平台实施

平台的实施过程是确保会计信息服务平台正常运行的关键步骤,包括软件开发、系统集成、数据迁移、培训和测试等多个方面。

进行软件开发。这涉及开发平台所需的软件应用程序和工具,以满足组织的具体需求。开发过程需要根据需求规格和设计文档进行,以确保软件能够有效地收集、处理和分析财务数据。

进行系统集成。包括将各个组件和模块集成到一个统一的平台中,确保它们能够无缝协同工作。集成涉及硬件和软件的配置和连接,以支持平台的高性能和可扩展性。

进行数据迁移。这是将现有的财务数据从旧系统迁移到新平台的过程。迁移需要确保数据的准确性和完整性,同时保持数据的历史记录。这通常需要详细的计划和测试,以确保平稳过渡。

进行培训。培训用户和管理员,使他们能够充分利用平台的功能和工具。培训有助于确保平台的有效使用和价值最大化。进行系统测试。这包括功能测试、性能测试和安全性测试，以确保平台能够满足预期的要求，并在正式上线前解决所有问题。测试是确保平台正常运行的重要步骤。

平台的实施过程是一个复杂的过程，需要涵盖软件开发、系统集成、数据迁移、培训和测试等多个方面。成功的实施过程有助于确保会计信息服务平台能够正常运行，为组织提供高质量的财务数据支持，支持决策制定和战略规划，进而提高组织的竞争力和效率。

（二）运维和维护

平台的运维和维护策略对确保其稳定运行和高效性能至关重要。系统监测是运维的关键。平台应该配备强大的监测工具，用于实时追踪系统的运行状况。服务器状态、数据库性能、网络流量等方面的监测。监测工具可以及时发现潜在问题，并自动触发警报，以便运维团队能够迅速采取措施。问题解决是维护的一部分。运维团队应该建立一个有效的故障排除流程，以快速识别和解决问题，包括软件漏洞修复、硬件更换、数据恢复等。问题解决的速度和效率对最小化系统停机时间至关重要。数据备份是不可或缺的。平台数据是宝贵的资产，必须进行定期的备份和存储。备份数据应存储在安全的地方，以防止数据丢失或损坏。定期的数据恢复测试也是必要的，以确保备份的可用性。性能优化是运维的重要任务。平台的性能应该始终保持在最佳状态，以确保高效的运行。

运维团队应该定期进行性能评估，并采取措施来优化系统，包括服务器升级、数据库索引优化、缓存策略等。平台的运维和维护策略需要结合监测、问题解决、数据备份和性能优化等方面的措施，确保平台的可用性、稳定性和安全性，满足用户的需求，维护良好的用户体验，确保长期的成功运行。

第四节　智能时代财务信息化整体规划

智能时代财务信息化的整体规划是一个至关重要的战略性决策，它需要充分考虑现代商业环境的挑战和机会，以确保组织能够有效管理财务信息并取得持续成功。

整体规划应着重于数字化转型。这意味着将传统的财务流程和报告转变为数字化、自动化的形式。如，采用云会计系统、智能财务软件和自动化数据采集工具，以提高数据收集、处理和分析的效率。数字化转型包括实施数据分析和预测工具，以更好地理解组织的财务趋势和风险。整体规划应考虑数据安全和隐私保护。随着数字化的推进，财务信息可能会变得更加敏感，因此必须制定有效的数据安全政策和措施，包括加强访问控制、数据加密和网络安全，以及遵守相关的法规和合规要求，从而确保财务数据的机密性和完整性。

整体规划还应重视数据分析和决策支持。智能时代的财务信息化需要更多地关注数据分析和洞察力的提高。通过整合人工智能和机器学习技术，可以更好地识别趋势、预测未来，为组织提供更好的决策支持。这将帮助管理层更明智地制定财务战略和业务计划。

整体规划还需考虑培训和人员发展。随着新技术的引入，员工需要不断更新和提升他们的技能，以适应智能时代的财务信息化要求。因此，规划应包括培训计划和资源，确保员工能够熟练使用新工具和技术，以最大化其潜力。

智能时代的财务信息化整体规划需要综合考虑数字化转型、数据安全、数据分析和培训等多个方面。这将帮助组织更好地应对未来的挑战和机会，提高财务管理的效率和准确性，从而促进业务的可持续发展。

一、智能时代财务信息化规划的基本概念和背景

智能时代财务信息化规划涉及财务领域的数字化转型，旨在充分利用信息技术和智能工具来提高财务管理和决策支持的效率和准确度。其背景是现代商业环境中数字化技术的快速发展，以及组织对更智能、更敏捷的财务解决方案的需求。基本概念包括利用云计算、大数据分析、人工智能和区块链等新兴技术来重新构思财务管理流程，以加速数据处理、提高数据质量和提供实时的决策支持。这意味着财务信息不再仅仅是报表和数字，而变得更加智能、预测性和战略性。

背景包括数字化时代的来临，大数据的爆发和全球性竞争的加剧。组织需要更敏感地适应市场变化，更快速地做出决策，更好地管理风险，

这些都需要强大的智能化财务信息化系统的支持。监管和合规要求的增加也推动了财务信息化的发展,以确保数据的准确性和合法性。智能时代财务信息化规划的基本概念是以数字化、智能化为核心,进而提高财务管理和决策制定的质量和效率。其背景是数字化时代的发展和组织在竞争激烈的环境中取得成功的迫切需求。这将帮助组织更好地适应变化,实现可持续增长。

(一)财务信息化的重要性

财务信息化在智能时代中发挥着关键作用,对组织的成功和可持续发展至关重要。

财务信息化提高了效率。通过自动化财务流程,如会计核算、报销审批和发票处理,财务信息化减少了手动劳动,缩短了处理时间,降低了错误率。这使财务部门能够更快速、更准确地完成任务,提高了整体的工作效率。

财务信息化降低了成本。自动化和数字化的财务流程减少了纸质文件的使用和存储需求,同时降低了人力成本。通过分析数据,组织可以更好地识别和减少不必要的支出,从而降低了总体的运营成本。

财务信息化提供了决策支持。通过高效的数据收集、处理和分析,财务信息化为管理层提供了实时和准确的财务信息。这有助于管理层更好地了解组织的财务状况,制定更明智的战略计划和决策,以应对快速变化的市场需求。

财务信息化提高了数据安全性。采用现代的安全措施，如数据加密和身份验证，可以保护财务数据不受未经授权的访问和威胁。这有助于维护数据的机密性和完整性。

财务信息化促进了组织的创新。通过集成新兴技术，如人工智能和大数据分析，组织可以探索新的商业模式和机会。这有助于组织在竞争激烈的市场中保持领先地位。

财务信息化在智能时代中扮演着关键的角色，提高效率、降低成本、提供决策支持、增强数据安全性和促进创新。这使得财务信息化成为现代组织不可或缺的战略工具，有助于实现可持续增长和成功。

（二）规划目标和愿景

整体规划的主要目标和愿景在于建设一个强大的智能财务体系，以提高数据分析能力和财务管理效率。

首要目标是构建智能财务体系。这意味着整体规划将集中引入先进的技术和工具，如人工智能、机器学习、自动化流程等，以提升财务部门的智能化水平。通过自动化数据录入、报表生成和分析，智能财务体系将减少人工操作，提高工作效率，降低错误率。它还能够实时监测财务数据，快速识别潜在问题，支持实时决策。提高数据分析能力是关键目标。整体规划将注重数据的质量、可访问性和可分析性。这包括建立数据仓库、制定数据标准、确保数据一致性和准确性。通过强化数据分析工具和技能培训，组织将能够更好地理解和利用财务数据，发现趋势、识别机会和降低风险。另一个目标是提高决策支持能力。整体规划将致力于为管理层提供实时、准确的财务信息和分析报告。这将使管理层能够更快速地做出决策，对组织的财务状况有更深入的了解，并制定战略规划。整体规划的愿景是建立一个协同工作的财务生态系统，将各个部门和利益相关者连接起来，实现数据共享和合作。这将有助于提高组织的整体绩效，加强决策制定和战略规划，推动业务增长。

整体规划的主要目标和愿景是通过构建智能财务体系、提高数据分析能力和决策支持能力，实现财务管理的现代化和智能化，为组织的可持续发展和竞争力提供强有力的支持。

二、智能时代财务信息化整体规划的策略和实施

在智能时代，财务信息化的整体规划需要紧密结合企业的战略目标和未来趋势，制定策略和实施计划。企业应该明确财务信息化的目标，包括提高效率、降低成本、增强数据分析能力和支持决策制定等。企业需要评估现有的信息系统和数据基础，确定存在的问题和瓶颈。需要制定一份详细的财务信息化战略，包括技术架构、数据管理、安全性和合规性等方面的规划。确定实施计划，包括资源分配、时间表和阶段性目标。在实施过程中，要注重员工培训和变革管理，确保团队能够适应新的系统和工作流程。建立监测和评估机制，以不断优化财务信息化系统，确保它与企业的战略目标保持一致，并不断适应快速变化的技术和市场

环境。这种策略和实施的综合方法可以帮助企业在智能时代实现财务信息化的成功规划和实施。

（一）数据管理和分析策略

数据管理和分析策略是在智能时代中关键的组织资产，对取得竞争优势和做出明智决策至关重要。

1. 数据采集

首要任务是收集多源的数据，包括内部和外部数据源。这可以通过传感器、应用程序、社交媒体、网站交互等方式实现。数据采集需要确保数据的准确性、完整性和时效性。

2. 数据存储

数据需要以可伸缩、安全、高可用性的方式存储。云存储和大数据平台提供了灵活性和性能优势，使数据能够快速存储和检索。数据安全性也是存储的关键考虑因素。

3. 数据清洗

数据清洗是确保数据质量的关键步骤，包括识别和修复数据中的错误、缺失值和冗余信息。清洗数据有助于提高分析的准确性和可靠性。

4. 数据分析

数据分析是从海量数据中提取洞察的关键过程，包括描述性分析、预测性分析和决策性分析。统计方法、机器学习和人工智能技术被广泛用于数据分析，以发现潜在的模式和趋势。

5. 数据可视化

数据可视化是将分析结果以图形和图表的形式呈现的过程。它有助于使复杂的数据更易理解，并帮助决策者做出明智的决策。交互式可视化工具允许用户自定义数据呈现方式。

6. 数据安全性和合规性

保护数据的安全性和确保合规性是数据管理的关键方面。加密、身份验证、访问控制和合规性审计是保障数据安全的关键措施。

7. 数据监控和优化

数据管理策略需要定期监控和评估，以确保数据管理流程的高效性和有效性。这需要根据反馈和性能指标进行持续改进，以适应不断变化的需求。

数据管理和分析策略涵盖数据采集、存储、清洗、分析和可视化等多个环节。它们共同支持组织在智能时代中更好地了解数据、做出明智决策并取得竞争优势。一个完善的数据管理和分析策略将有助于组织实现创新、提高效率和应对市场变化。

（二）智能财务工具和应用

智能财务工具和应用的选择与实施对提高财务管理的效率和准确性至关重要。自动化会计是一个关键领域。选择适当的自动化会计工具可以帮助企业减少手动数据录入和整理的工作，提高会计操作的准确性和效率，通过自动化核算、账务处理和财务报表生成，可以确保财务数据的及时性和一致性。实施自动化会计需要与财务团队密切合作，确保系统能够满足特定业务需求，并遵守会计准则和法规。预测分析是财务决策的关键组成部分。选择适当的预测分析工具叮以帮助企业更好地理解未来的趋势和风险，支持决策制定，通过分析历史数据、市场趋势和业务指标，可以为企业提供有关销售预测、资本需求、成本控制等方面的见解。实施预测分析需要建立可靠的数据模型和算法，以确保预测的准确性和实用性。智能报告是与利益相关者共享财务信息的关键。选择适当的智能报告工具可以帮助企业生成可视化和交互式报告，使财务信息更容易理解和分析，通过自定义报告格式、呈现方式和数据视图，可以满足不同利益相关者的需求。实施智能报告需要确保数据的一致性和可靠性，以及报告的安全性和合规性。

智能财务工具和应用的选择与实施需要综合考虑业务需求、技术要求和法规合规性。这有助于提高财务管理的效率、准确性和决策支持能力，推动企业的发展和提高竞争力。

第六章 大数据技术对财务管理的影响

第一节 大数据时代的业财融合

社会经济体制改革进程的加速,企业间的竞争越演越烈,要想实现现代化发展,还需紧跟大数据时代的发展步伐,推动财务会计向管理会计过渡,加速业财融合的发展进程,以革新传统的发展模式。

大数据技术推动了各行业各领域的现代化发展进程,而企业要想实现与时俱进,就应当充分意识到数据对企业发展的影响,通过业技融合、财技融合及业财融合的手段,实现数据信息共享互通,推动财务工作向业务活动的前端延伸,促使企业的制度、流程及决策等方面逐步优化,从而不断满足企业发展需求,实现企业的快速发展。

一、大数据时代下实行业财融合的重要意义

大数据时代,伴随企业转型进程的加速,对企业的财务管理提出了更高要求。企业通过业财融合手段,能够优化决策与控制机制,实现有效预防风险,并持续提高企业综合质量。

（一）确保数据准确性

企业实施业财融合管理，要求财务管理人员加强思想观念转变，逐步向业务前端延伸，充分了解业务发展情况，获取准确的业务数据。而利用信息系统收集准确性的财务与业务数据，是实行业财融合的重要前提，只有这样才能确保数据的准确性。

（二）确保决策科学性

企业在实施业财融合管理的进程中，要求财务管理人员合理分析企业的财务与业务数据，在此过程中，利用高效、准确的数据信息，并对其加以分析，可以为管理层决策提供有价值的数据参照，提升决策的科学性。

（三）利于完善管理制度

企业在业财融合管理中，业务与财务等部门的工作人员交流更加密切，通过相互合作，可以及时发现自身或对方工作中的不足，并提出相应的改进意见，这有利于不断优化业务与财务的管理制度及工作流程，最终实现业财融合发展的制度化与常态化。

（四）推动企业信息化建设

大数据等新技术与企业业财融合管理的深入整合，更利于推动企业的数字化建设，实现内部管理质量持续改进。企业实施业财融合管理工作不能一蹴而就，对信息化管理的要求较高，需要财务管理人员在深入业务管理中，在获取完善的业务数据后，将数据录入信息化管理平台，从而得到管理层需要的数据信息，帮助管理人员了解与监督企业的业务发展情况，进而对业务发展中的出现的问题，及时进行调整，确保企业目标的最终实现。

二、大数据时代实施业财融合中存在的问题

企业实施业财融合过程中的不足，主要体现在以下几方面：

（一）业财关联不密切

企业在大数据时代下的发展机遇与挑战并存，要想改善企业管理与发展模式，需注重业财融合活动的有序开展。实际上，企业财务与业务间关联并不紧密，其主要因为：一是企业各部门间的沟通不足，无法在业财融合中加强各部门间的沟通协调，限制业财融合项目的推进。二是企业各部门间的发展目标不同，各部门存在专业壁垒，企业财务部门存在重视成本管控、忽视业务发展的问题；而企业的业务部门存在重视业务管理、忽视成本管理的问题，进而导致成本控制目标不明确，各部门的职能发挥与发展目标错位。

（二）财务核算手段落后

在大数据时代，企业应当注重信息技术手段与财务管理工作的整合，

实现财务工作效率与质量的持续改进。但由于财务管理人员缺乏信息技术的专业能力，只能利用信息技术进行基础工作，这不利于信息技术作用的充分发挥。财务核算升级较为迟滞，加上财务人员在实际工作中无法全面收集所需的数据信息，或者信息系统录入的数据不完整，进而影响财务核算的工作成效。

（三）信息化管理平台建设进程缓慢

建立完善的企业信息化管理平台，对提高业财融合质量有着积极意义。但企业的信息化管理平台建设进程缓慢，企业多个信息平台共存，导致平台信息的共享程度较低；企业信息化管理平台在管理企业各类数据信息时，无法实现信息全流程互联互通，无法确保业财融合工作的协调性。

（四）专业人才缺乏

企业未设立专门负责业财融合管理工作的部门，未配置专业的岗位工作人员，目前仍由财务管理部门负责业财融合工作。但由于财务管理人员缺乏业财融合的管理技能，可能无法满足业财融合的实际需求。一是传统的财务管理方式根深蒂固，财务管理人员无法与业务人员进行有效沟通交流，业财融合工作无法顺利展开。二是财务人员的职业素养与业务能力参差不齐，离管理会计的要求还有差距。大部分财务管理人员在业财融合中，尽管开展了业务数据收集整理与核算等工作，但是难以更加深入地落实业财融合工作。三是企业忽视对专业业财融合人才的引进、培训、考核与激励,业财融合工作缺乏高端人才。

三、大数据时代企业加强业财融合的对策

对于企业业财融合中的各种问题,企业要加强实践经验总结,按照引进来与走出去的原则,积极借鉴优秀的经验和做法,在大数据技术的支撑下,多措并举,切实推动业财融合模式的建立。

(一)加强业财的关联性

加强企业业财间的关联性,是确保业财融合质量的重要前提。一是紧跟时代发展的步伐,搭建各部门的沟通平台,使财务管理人员能够在业务活动中及时与业务人员沟通,全面了解对方的工作状态及成果。业务部门也需要严格按照信息管理要求,规范记录业务活动等数据信息,确保财务等数据记录的完整性,提高工作的协调性。二是统一发展目标。企业在推进业财融合项目时,应当根据企业的发展情况,合理建立业财融合管理目标,细化分解业财融合目标,并将目标进行分化与细化,确保企业各层级的业务与财务管理人员有对应的发展目标。企业的业务与财务部门,在相同发展目标的引导下,可以提高沟通效率,夯实业财融合的基础。三是围绕大数据时代的发展要求,加速企业的改革创新进程,注重融合文化建设,在文化的引导下,逐步提升业财融合水平。

企业文化蕴含丰富的经营发展特色,对企业员工的向心力与凝聚力提升有着积极意义。从现代化管理理论出发,通过营造人人支持与认可企业业财融合建设的良好氛围,加强员工对业财融合等管理模式的认识,夯实企业发展的思想基础,发挥企业文化的引导作用,让员工形成共同的理念,主动开展各部门间的工作交流,谋求共同发展。除此之外,企业应当建立长远的发展目标,为企业的业财融合赋予无限的活力,激发各部门人员积极参与业财融合。四是改善内部治理环境。大数据时代的深入推进,对企业的业财融合一体化建设带来深远的影响,这有利于优化财务管理体系,实现资源的整合。企业需根据实际情况合理推进业财融合工作,并结合自身的发展趋势,创新监督评价与绩效考核等体系,分析并有效化解影响企业发展的因素,使企业形成正确的价值观。业财融合模式的实行,需注重与外界环境因素的整合,打造全新的发展体系,将业财融合工作渗透企业整个活动中,从而实现全面性的发展,最终实现良性循环。

(二) 实现财务信息化核算

提升企业财务信息化核算质量,对推动企业业财融合有着积极意义。一是提高财务管理人员的信息化管理技术水平,促使其能够灵活运用信息化技术核算企业的财务数据,确保财务核算的及时性和准确性。二是依托网络平台打造原始数据库,严格按照要求规范记录财务数据,确保财务核算质量与效率。在大数据时代,信息数据呈爆炸式的增长,这为企业战略决策制定等工作展开提供了海量的信息数据参照。因此，企业应当尽快建立数据库，利用数据库实现对数据信息的高效分类与加工处理，从而为业财融合工作展开提供技术支撑。信息技术人员要做好数据库的归纳管理等工作，加强对数据库的管理，以确保信息产生、整理、运用的条理性，实现数据库信息的合理与有序，为业财融合提供技术支撑。企业在经营发展中，要注重财务数据的优化，确保财务数据的完整性与可靠性，拓展原始数据资料库的信息存储功能，可以存储图像与音频及视频等信息载体形式的资料，确保数据记录的全面性，提高各种信息的兼容程度，从而为业财融合提供信息技术保障。

（三）建立信息化管理平台

企业信息化管理平台的建设质量，直接影响企业业财融合的发展成效。企业要想建立完善的信息化管理平台，可以从以下几方面入手：一是打造分层信息公布平台，公布企业发展进程中的各层级数据信息，帮助各部门在推进业财融合项目时，能够快速找到所需的数据信息，确保部门间的信息传递顺畅。在建立管理信息系统时，需充分利用互联网技术与大数据技术，凭借其较强的信息处理能力，准确与快速地处理业务、财务数据。二是建立网上数据监督工作平台，实时监督数据质量。从企业的发展需求入手，各部门人员本着实事求是的原则，及时上报数据信息；各种信息汇总后，进行有效加工，提供给管理层，以实现对企业发展情况实时监控。企业通过统一业务编码，利用信息平台，自动生成财务数据,为业财融合工作展开提供有价值的财务数据支撑,推动工作质量持续提升。三是加强信息共享。信息平台的建立,可避免出现各部门信息不对称与孤岛等问题,优化现有的发展模式,提升决策的科学性,实现资源高效利用,为企业抓住市场机遇,强化风险控制,从而推动企业的快速发展。

(四) 加强人才培养

财务管理人员的职业素养与业务能力水平,直接影响业财融合工作展开的成效。为此,企业需做好培训工作,加强财务管理人员业财融合基础知识的培训,促使其充分了解业务发展的需求,改进工作方式,确保业财工作的配合度,并在业务活动中获取高质量的数据,从而为业财融合工作的展开提供更有价值的信息。有必要的话,也可以请专家介入指导,不断提高业财融合工作人员的综合素养,提高对业财融合工作的认识与处理能力,满足时代发展的新要求,从而实现业财融合的创新发展。

业财融合建设是系统性工程,需要企业管理层加强重视,打破传统管理方法与理念的束缚,营造人人参与的良好氛围。通过信息平台,推进各部门的深入交流与信息共享,实现资源的整合优化与高效利用,推动业财融合进程,从而尽快实现战略发展目标。

第二节　农村财务信息化建设

随着社会经济的发展和人民生活水平的不断提高,我国农村财务信息化建设已经具备了更加优越的发展条件。实现农村财务信息化建设,在促进农村走规范的制度化道路方面起着积极的推动和引导作用,也有利于加快构建社会主义新农村的步伐。所以,在全面完善和发展农村财务管理的同时,积极研究构建农村财务信息化建设的方案势在必行,促进农村财务信息化建设的重要性不可忽视。

一、农村财务信息化建设的意义

农村集体资产是农村集体经济组织长期辛勤劳动的成果和集体智慧的结晶,属于全体村民所有,是发展集体经济、增加集体收入和提高村民福利的重要物质基础,涉及每一位村民的切身利益。农村集体财务管理工作一直都是广大村民关注的热点和焦点,也是农村工作的难点和重点,更直接关系社会的和谐与稳定。特别是近年来,伴随着农村经济的迅速发展,工业化与城镇化的快速推进,农村集体经济经营方式多元化和多样化的发展,农村集体资产日益壮大。如何管好用好如此庞大的集体资产,确保其安全、完整和保值增值,这既是摆在各级政府面前的重大课题,也是维护集体和农民权益、促进集体经济健康有序发展的迫切需要。因此，在当前农村集体经济急剧变革、农民需求多元化、农村干群矛盾多发化的大形势下，必须大力推进农村集体财务信息化的建设和应用，以信息化手段监管农村集体经济的财务工作，推动财务管理工作的制度化和规范化，以达到资源高度共享的目标。这就需要提高财务工作的质量和效率，推进财务管理工作的有序进行，降低农村财务管理上不可控因素带来的风险，提高财务管理的公开性和透明度，调动农民群众对财务管理的参与积极性，使农村向着规范化道路的方向发展进步，从而为农村社会的稳定和集体经济的健康发展保驾护航。

二、推动农村财务信息化建设的建议

（一）加强财务信息化建设，提升管理效率

财务信息化建设的最终目标是实现财务的优化管理，无论在管理方法上，还是理念创新上，都是一种巨大的进步。通过信息技术加持，整合农村财务管理，实现从手工账向信息化核算的转变，可以提高工作效率。农村财务信息化建设需要从上到下提高认识，在新农村建设的关键时期，需要通过加强农村财务信息化建设，构建智慧农村财务体系，从财务管理核算信息化到管理流程信息化，全面提高农村财务规范化管理。

(二) 加强信息化人才队伍的建设

信息技术人才的培养和引进是农村财务信息化建设的关键，在很大程度上决定着信息化建设能否顺利进行。所以，要推广农村财务信息化，首要任务就是改变财务管理人员的思想观念和知识结构，加强信息技术和财务管理的综合培训，通过对财务信息化知识的深入了解和学习，使财务管理人员构建全新的财务理念，提升开展财务信息化建设的主观能动性和知识水平，进而促进农村财务现代化的发展。

(三) 立足农村发展实际，将财务信息化管理与实践相结合

从农村发展现状和农村集体财务自身需求出发，需要制定财务信息化建设规划，构建统一的信息化发展平台，完善软件功能。信息化建设不能仅仅局限于财务核算，还要在账务处理的基础上，实现预算管理、资产管理、合同管理、资金管理、财务公开和民主监督等内容。财务信息化建设的内涵指的是，信息采集、处理和加工，将信息进行收集和整理，对海量数据进行分层次、有重点、抓关键，对数据开展分析，提高财务信息化的有效性。

农村财务信息化建设对优化农村的财务管理、提高农村的经济发展水平，具有积极的推动作用和现实意义。多年来，我国农村的信息化建设已经取得一定成绩，在技术层面有了很大提升，为财务信息化建设提供了很好的保障。随着信息化基础设施建设的不断推进，部分地区农村财务信息化建设已经取得了长足发展，尤其是部分地区受益于精准脱贫

的政策扶持，提出了"村财乡管""乡财县管"等措施，将有限的财务人员集中到乡里、县里办公，实施统一的财务管理制度和财务管理软件，一次性解决了农村财务信息化难题。但是，有些地方由于经济因素等的限制，还没有开展农村信息化建设工作。对农村财务信息化建设还需要进一步的深入研究，本着"以农为本"的原则，需要进一步探索农村财务信息化建设发展之路，从而推动农村经济的稳步前进，为构建社会主义新农村做出积极的贡献。

第三节 大数据在财政预算管理中的运用

随着大数据时代的到来，大数据对我国经济、政治产生了极大影响。

一、研究意义

理论意义：随着人工智能时代的到来，运用大数据信息和技术优势进行预算管理的优势也凸显出来，但是通过查阅大量的文献发现，将大数据运用在部门预算管理的研究较多，而在财政预算方面的研究很少，这还有待进一步探讨。因此，研究大数据在财政预算管理中的应用具有重要的理论意义。

现实意义：运用大数据进行财政预算管理有利于规范预算管理，增强预算管理的透明度、硬化预算约束，从而实现提高政府预算管理决策的科学性、提高财政资金的运行效率、加强反腐倡廉建设、促进国民经济健康发展的目标。

二、大数据在财政预算管理的基本理论及理论基础

（一）大数据基本理论

1. 大数据概述

2012年以来，大数据一词越来越多地被提及，大数据的应用也越来越彰显其优势。大数据，或称巨量数据、海量数据，是由数量巨大、结构复杂、类型众多数据构成的数据集合，是基于云计算的数据处理与应用模式，通过数据的集成共享，交叉复用形成的智力资源和知识服务能力。简言之，从各种各样类型的数据中，快速获得有价值信息的能力，就是大数据技术。大数据规模庞大，以至于不能用G或T来衡量，起始计量单位至少是P（1000个T）、E（100万个T）或Z（10亿个T）。业界将大数据的特点归纳为4个"V"——Volume（大量）、Velocity（高速）、Variety（多样）、Veracity（精确）。它的价值是通过数据共享、交叉复用后获取最大的数据价值。大数据是一个体量大、类型多、速度快、真实性高，且无法用传统数据库工具对其内容进行抓取、管理和处理的数据集，该数据集的应用可以产生变革之力。可见，目前所说的大数据，不仅指数据本身的规模，也包括采集数据的工具、

平台和数据分析系统。

2. 大数据系统概述

大数据系统由数据生成（Data Generation）、数据存储（Data storage）、数据处理和分析（Data Processing/Analysis）和数据应用（Data Application）部分构成。

数据生成（Data Generation）：随着移动设备、智能终端、无线传感器等通信和网络技术的迅猛发展，数据的种类和规模正在以前所未有的速度不断增长和累积。如，来自网络的数据正在以每天2.5QB的速度生成，整个人类所产生的90%的数据都是最近几年才生成的。并且，所产生数据的种类也是多种多样的，如文本、图片、视频、交通轨迹等。不仅如此，这些数据也通常与特定的领域相关。如，来自移动终端和无线传感器产生的轨迹数据，来自社交网络产生的图片数据，来自医院产生的医疗数据，来自视频网站的视频数据，等等。因此，很难用传统的系统来处理这些复杂、离散、海量的数据。

数据存储（Data storage）：这个阶段主要是用来存储和管理大规模的数据集。具体而言，一个存储系统包含两个部分：硬件基础设施和数据管理软件。硬件基础设施指的是利用信息和通信技术（Information and Communications Technology，ICT）资源来处理各种任务（比如，分布式存储等）。数据管理指的是部署在硬件基础设施之上，用来管理和查询大规模数据集的软件集合，它也需要提供一系列的接口来与存储的数据进行交互和分析，以方便进行数据处理和数据应用的任务。

数据处理和分析（Data Processing/Analysis）：数据处理和分析指的是经过数据生成、数据存储之后，对数据进行一系列的预处理，提取有用的信息等操作。预处理阶段的主要目标是剔除数据集中无意义的、冗余的部分。另外，又可以通过特定领域的分析方法（如，结构化的数据分析、文本分析、多媒体分析、自然语言处理分析等），从海量的数据中建模、分析来挖掘出有不同应用价值的信息。大数据的4V特征又使得研究人员需要研究适合于大数据环境下的新的数据处理和分析技术。

数据应用（Data Application）：数据应用指的是在经过数据处理和分析之后，数据处理和分析者可以根据这些有价值的信息来提升自己的业务能力，从而增强在市场中的竞争力。另外，处理之后的数据可以被数据处理和分析者用来进行分享或者交易，如，数据查询、数据交易、数据分析等。

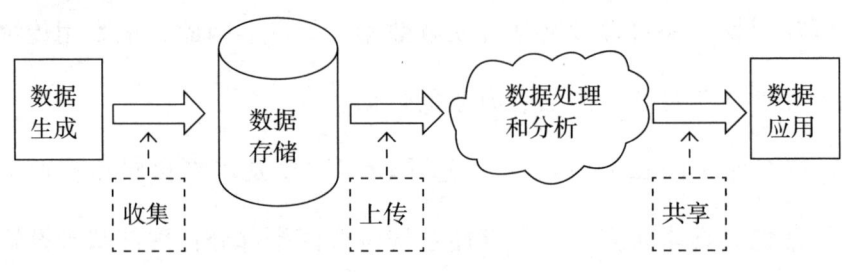

图6-1 大数据系统

大数据的核心优势在于，海量的数据为相关领域活动提供足够多的信息支持；多样化的数据能很好地满足活动中不同层次的信息需求；速度快，满足实时监控的需求；真实性高，提高了决策的科学性、有效性；在此基础上，通过发展大数据技术并将其应用到相关活动中，以解决该活动中的巨量数据处理问题，产生强决策力、洞察发现力和变革创新力，从而促进该活动领域的突破性发展。大数据分析最重要的应用领域之一就是预测性分析，从大数据中挖掘出特点，通过科学的建立模型，便可以通过模型代入新的数据，从而预测未来。

（二）财政预算管理基本理论

1. 财政预算概述

财政预算属于政府的一种政治行为，政府凭借其国家机器的权力和公共服务提供者的角色，通过税、利、债、费等形式获得财政收入，一方面是向社会公众提供公共物品和服务，满足社会成员需求，另一方面是维持国家运转、维护社会稳定发展的一种计划活动。

（1）形式方面。财政预算以年度政府财政收支计划形式而存在。政府根据一定时期的政策方针和制度标准，对本级年度财政收支规模和结构进行预测，按照不同的类型列入不同的经济功能分类科目表，以此来反映资金的来源和用途。

（2）性质方面。财政预算是具有法律效力的文件。财政预算不单纯只是计划，它通过人大的审议批准，而具有法律效力，本质上是法律。因此，它在执行中由于客观情况的变化必须调整预算时，也必须经过法定程序。

（3）内容方面。财政预算反映政府集中支配的财力的分配过程。政府财政预算的内容明确地罗列一般财政收入、基本支出、项目支出等明细项目和金额分配,由此可以看出各项收入的来源和支出的去向,反映了财政的分配活动以及政府的职能范围。

(4)决策过程方面。财政预算属于公共决策机制。财政预算管理包括预算编制、人大审批、执行调整、决算审计、向社会公布等环节,通过这些环节确保了政府财政活动可以满足社会公民需要。

2. 财政预算编制

预算编制是安排政府资金全年分配计划的活动。在地区的预算编制活动中,一般分为宏观的综合预算编制,俗称"总盘子",以及微观的部门预算编制。综合预算是指将政府的全部收支进行统一的分配,旨在全面反映本级政府全部资金的收支活动,为领导出谋划策提供全面的依据。部门预算是指本级政府部门依据国家的法律法规以及各部门的职能需要,由基层预算单位开始编制,逐级上报、审核、汇总,经本级财政主管部门审核后提交本级人民代表大会依法批准的包括部门各项收支(基本支出、项目支出以及三公经费支出等)的年度财政收支计划。通俗地讲,就是一个部门一本账。

3. 财政预算评价

财政预算评价实施是指各级财政部门和预算部门根据设定的绩效目标,运用科学合理的绩效评价指标、评价标准和评价方法,对预算支出的经济性、效率性和效益性进行客观、公正的评价活动,一般包括财政预算评价前期准备、评价具体实施、撰写与提交评价报告3个阶段。评价是实施预算管理的重要内容,是预算管理实施的重要手段,在整个预算管理中处于核心地位。

在财政预算评价实施过程中,财政部门负责组织、指导本级预算部门、下级财政部门的评价工作;根据需要对本级预算部门、下级财政部门的预算支出实施评价;提出改进预算支出管理意见并督促落实。预算部门负责具体组织实施本部门的预算评价工作;向同级财政部门报送评价报告;落实财政部门整改意见;根据评价结果改进预算支出范围。

(1)财政预算评价的对象

所有财政性资金都属于财政预算评价的范围,财政预算评价的对象包括纳入政府预算管理的资金和纳入部门预算管理的资金。其中,纳入政府预算管理的资金包括公共财政预算资金、政府性基金预算资金、国有资本经营预算资金和社会保障预算资金;纳入部门预算管理资金包括财政预算安排的资金和部门自有资金。

按照预算级次,预算资金可分为本级部门预算管理的资金和上级政府对下级政府的转移支付资金。相应的财政预算评价可分为部门预算支出评价和转移支付评价。其中,部门预算支出评价包括基本支出评价、项目支出评价和部门整体支出评价;转移支付评价包括一般性转移支付资金评价和专项转移支付资金评价。

项目支出,原则上应当以一定金额以上、与本部门职能相关、受到高度重视的项目支出为重点进行绩效评价;对一般性转移支付,原则上应当重点对贯彻中央重大政策出台的转移支付项目进行绩效评价;对专项转移支付,原则上应当以对社会、经济发展和民生有重大影响的支出为重点进行绩效评价。

（2）评价的内容

评价的基本内容包括以下几个方面：

① 目标的设定情况：立项情况、预期产出、预期效果、达到预期产出所需要的成本资源等。

②资金投入和使用情况：投入的资金量，具体用途和使用进度，财务管理状况，资产配置、使用、处置及收益管理情况等。

③为实现预算目标采取的措施：建章立制、组织协调、资源配置、物质保障等。

④绩效目标的实现程度及效果：实际提供的公共产品和服务的数量、质量、时效、成本情况，所带来的实际经济效益、社会效益、生态效益、可持续影响，服务对象或项目受益人实际满意程度等。

⑤绩效评价的其他内容。

三、运用大数据实施财政预算的必要性与可行性分析

财政预算大数据管理中心实质就是专门负责财政预算大数据的系统采集、分析、处理的管理机构。具体而言，其主要职责包括研究拟定并组织实施大数据战略、规划和政策措施，引导和推动大数据研究和应用工作；利用大数据的信息和技术优势来加强财政预算管理，增强预算管理的透明度，硬化预算约束，从而达到提高财政预算管理决策的科学性、

提高财政资金的运行效率、加强反腐倡廉建设、促进国民经济健康发展的目标，形成采集、应用、共享等标准规范；统筹推进政府大数据基础设施建设、管理；组织协调财政预算大数据资源归集整合、共享开放，推进大数据应用；组织协调财政预算大数据信息安全保障体系建设。作为专门负责财政预算大数据挖掘、利用的工作中心，财政预算大数据管理中心的构建具有其充分的必要性和可行性。

（一）运用大数据实施财政预算的必要性分析

政府预算大数据管理中心的构建，可以使政府预算"天然信息仓库"得以充分开发，为预算管理和监督提供准确、有效的信息，保障预算管理的有效性。目前财政部门虽然拥有丰富的数据"矿藏"，但开发程度远远不能满足预算管理的需要。由于数据量巨大、类型繁多、价值密度低，且大数据技术涉及数据采集、存取、架构、处理、统计分析、数据挖掘、模型预测等众多方面，这就使得大数据的分析应用必须要有良好的运行机制、专业化的研发团队、强大的硬件设施以及规范的建设标准。通过建立专门的政府预算大数据管理中心，为政府预算大数据应用提供专门的技术支持、硬件设施以及人才保障，才能够将收集到的各机构和部门的基本信息、财务信息、业务信息筛选、归集、整理、分析，形成系统、有效的数据，基于这些"精练"后的数据，对预算管理全过程中存在的不足及问题进行探究，进而推进预算管理的精准化。

（1）大数据提升财政预算编制质量

传统的财政预算计划编制和预算审批工作，几乎都是靠自上而下的人工层层传递，这大大拉长了财政预算计划编制和预算审批的时长，进而降低了预算的时效性。而在云会计的使用下，预算编制可以最大化地实现上下结合的编制方式，通过云会计平台快速地下达下一年度财政预算编制的方法和内容预算目标，进而广泛收集数据来确定接下来的预算编制政策。各部门可以通过云平台，更加便捷地了解财政的预算政策和预算目标，这有利于各部门财政预算计划的统一上传，进而大大缩短和提高了预算编制的时长和时效性。除此之外，随着经营效益的提升和规模的不断壮大，单一的预算管理模式很容易造成各部门信息孤岛现象的产生。而通过云会计平台，能够连接财政部门和各部门的信息，使整个部门实现预算、绩效和战略一体化设计，从而促进内部各部门的联系和沟通，从而全方位地提升财政预算编制质量。

（2）有利于预算的执行以及资源的优化配置

财政预算的执行是实现财政职能发挥作用的关键所在，也是政府部门发挥行政职能的物质条件保障。在预算工作中，财政收支平衡是一个需要把握的重要问题，收大于支会出现超收收入的使用问题，支大于收会出现超支资金的来源问题。只有预先考虑周全，把预算收支明细编制好，才能使财政收入顺利实现，高效支出。精准化的财政预算，详细明确地指出本年预算收支计划，对准财政活动按轻重缓急进行先后排列规划，这也将使得财政资源的优化配置发挥更高的使用效率。

（3）利用大数据全面提升预算监督理念

利用大数据技术推进预算监督将带来更深刻的价值理念革新。一是信息跨时空的及时传递，打破了预算管理流程间的界限，既可以缩小多层级的科层式行政体系障碍，使预算管理组织扁平化，还可以拓宽预算管理的幅度。二是归并、削减预算管理职能环节，打破预算决策、执行、监督间的界限，缩短业务流程链条。三是可以实现对预算管理流程中所有风险的俯瞰，能有效识别整个业务链条上可能的风险点及其危险程度，进而优化业务流程再造，将预算监督内生于预算管理全流程。四是为绩效预算提供各类支出标准、风险分布等，既可以极大拓展预算监督管理的广度和深度，为预算决策提供全局性、前瞻性的高价值决策咨询，及时修正预算决策的精准性和科学性，又能使预算管理流程始终处于动态优化的过程中。

（二）运用大数据实施财政预算的可行性分析

财政预算大数据管理中心的建设不仅必要，而且非常可行。相比于其他部门、机构的大数据建设，财政预算大数据建设具有得天独厚的优势。数据获取便利，数据库建设成本相对较低。大数据应用的前提是拥有大量的数据信息，数据的采集、获取尤为关键，也尤为困难。而对财政部门而言，以"金财工程"为基础的财政信息系统经过多年的发展目前已经比较成熟和完善。在政府各部门中，财政部门掌握和生产的数据既具有较高的完整性，也兼具较高的准确性。财政部门在大数据应用上的局部试点,为政府预算大数据管理中心的建立提供丰富的经验参考。如,财政部推进 PPP 大数据平台建设,旨在实现对全国 PPP 储备项目、执行项目和各级政府示范项目信息的全覆盖,及时地采集项目识别、准备、采购、执行和移交等各阶段信息,全面了解项目的进展情况,给社会资本提供相关信息,为政府决策提供支持。

四、运用大数据加强财政预算的对策建议

(一)构建财政预算大数据管理中心

1. 培养大数据理念

大数据是数据、技术和思维的高度融合。数据本身是静止的,要深度挖掘其内在价值,不仅要依赖先进的数据处理技术,而且更需要具有善于使用数据的创新思维,大数据是三者的统一体。思想是行动的先导,要想让大数据管理中心真正发挥作用,就必须培养每一位工作人员的大数据思维,这不仅包括大数据管理中心内部成员,财政部门其他成员也必须要有这种思维方式。因此,要在财政系统内部深入开展普及大数据相关知识,引导每一个财政系统工作人员正确理解大数据的核心理念,培养大数据的思维方式,力争营造一个"用数据来说话、用数据来管理、用数据来决策、用数据来创新"的大数据文化氛围,从而为财政大数据管理中心建设奠定坚实的思想基础。

2. 培养大数据人才队伍

政府预算大数据管理中心能否运转的关键在于人,即从事政府预算大数据分析的专业人才。必须培养一大批深谙大数据规律、精通财税业务与计算机技术、能够通过数据之间的相关性分析探寻税收征管规律从而深挖数据背后价值的人才。具体而言,开展数据挖掘最需要两种人才:一种是综合型人才;一种是技术专家。一方面,数据挖掘具有强烈的业务管理属性,这需要具有统计学背景、熟悉财政管理、数据挖掘的综合型人才;另一方面,数据挖掘应用方案工程的实现,需要大批技术专家。尽管多年来通过"金财工程"建设和省级数据大集中培养造就了一大批信息化专业人才,但在具体的业务实践中,真正能深入掌握数据分析编程乃至具有数据创新思维的人才少之又少,这远远不能适应大数据发展的要求,还需要采取有效措施加大力度培养大数据专业人才。可以与高校展开合作,拓宽大数据人才培养途径;同时聘请财税以及大数据探究领域的专家组成技术顾问团,为大数据管理中心建设以及人才培养提供积极指导。

3. 统筹规划大数据基础设施建设

大数据管理中心建设需要完备的基础设施做支撑,主要包括支持大数据的硬件、软件和技术。硬件是指宽带等网络化基础设施、信息储备及分层等存储型基础设施。软件是指数据信息处理系统。技术是指云计算、分布式处理技术、存储技术和感知技术。基础设施建设是大数据价值体现的手段和前进的基石,贯穿大数据采集、处理、存储到形成结果的整个过程。大数据基础设施建设是一个繁杂的系统工程，应围绕大数据的技术演变而逐渐调整和完善。

目前，我国已经基本具备大数据所需的硬件技术，拥有世界一流水平的处理器，但数据采集与存取、基础架构、数据处理、统计分析以及数据挖掘方面的技术离大数据思维的要求还很远，我国需要加快相应的技术发展进程。要加快财政、税收、金融、社保等所有公共行政管理部门的专业信息管理系统建设，建设规范统一、相互融通的政府信息管理系统体系，并指导建立规范统一的各行各业信息管理系统建设标准。

4. 建立健全数据挖掘运行机制

大数据时代的政府预算数据挖掘工作是一项有序的、动态的、可持续发展的系统工程，必须建立良好的运行机制，才能促进建设过程中各个环节的正规有序。

（1）完善数据标准化制度。统一业务数据规范，定义元数据，旨在消除"信息孤岛"，使信息时代"车同轨，书同文"。应该建立面向不同应用主题、覆盖各个政府预算管理领域、不断动态更新的政府预算数据挖掘标准规范，为实现各级各类政府预算信息系统的网络互联、信息互通、资源共享奠定基础。

（2）建立完善数据收集制度。通过建立数据收集制度，梳理政府预算数据资源的现状，规划未来发展方向和工作目标，明确有关各方的职责和义务，对数据质量做出明确规范，建立数据质量管理流程和"救助"机制，使政府预算数据资源不断丰富完善。

（3）建立完善数据分析应用制度，应充分发挥政策导向作用，鼓励政府部门和社会机构开展数据挖掘应用，优化全社会数据应用环境，从而促进国家层面数据分析利用水平的整体提高。

构建与大数据应用相适应的体制机制，做好大数据技术的"价值挖掘"，应从国家制度建设的高度，建立从数据采集、共享、应用等方面的大数据管理机制体制，打通政府公共职能部门间、政府与社会间的信息通道，加快推进预算管理大数据应用并不断完善，充分"挖掘"大数据在预算监管乃至社会经济中的巨大价值。事实上，与社会繁杂无序的数据不同，政府可以有目的地规划公共预算大数据的发展，尤其是在前期数据采集标准与格式、基础架构等方面，制定统一的技术标准等，可以提高未来数据使用的便利性和降低加工难度。对社会各类信息数据应通过立法，在保证其隐私权的基础上，建立独立的第三方国家数据库，并建立国家层面的网络数据信息安全法律制度体系。

5. 加快大数据制度建设

大数据时代的财政预算管理，需要财政部门建立相应的大数据思维和制度，提高预算管理互联网使用技能，以实现部门间的数据动态联系，从而实时获取实际预算收支、项目执行情况等信息，并进行动态调整，以完善预算编制和实现实时监管。目前，财政部已出台《关于推进财政大数据应用的实施意见》，其中对财政收入、支出运行、预算绩效管理等11个大数据重点应用领域进行了规范和要求。

合法、安全地使用大数据也变得尤为紧迫，不能让大数据的"穿透力"突破边界，危害国家和个人的基本利益。加快制定关于大数据中各类价值数据产权归属的法律条款，对数据从采集、加工、查询、挖掘等整条流程上的每个环节应明确其管理者、使用者的权利和义务，重新理清公民对数据信息的知情权与隐私权，让大数据合理、合法地在法律框架下发展。明确各级财政部门在本级大数据建设中的权利与义务，使大数据建设从纵向和横向两个方向都有法可依，进而对政府行为进行约束和控制。充分评估信息资源二次利用后所带来的风险，提供充分的补救措施，制定完善的法律法规，以保护国家和个人的信息安全，避免过度披露。

（二）进一步推进数据公开

广泛的数据来源是预算管理的基础，预算管理的相关数据公开程度直接影响预算管理的效果。数据作为预算管理的基础，如果可以利用大数据技术详细跟踪每一笔预算资金、每一个项目的具体使用流程，对每一阶段的使用情况详细记录并展开分析，就可以得到财政预算管理的有效信息。公开资金的每一步使用情况及其效果，合理运用相应数据进行绩效指标的设计，是财政数据公开领域需要进一步发展的方向。在政府数据的公开方式上，也应秉承简单、快速、易懂的原则，保证数据集公开过程中的交互性。如，在按地区分类的相关数据公开过程中，地图的形式就比表格等形式更加直观，也更吸引人。政府的数据公开可以更加贴近生活，同时注重对相关数据的更新和维护，进而保证公众的知情权及参与权，加强政府在数据应用过程中的服务性。

第七章 管理会计运用

第一节 重型工业企业：从成本会计到管理会计

重型工业企业是我国国民经济的支柱型产业，是中国制造、中国创造的根基。近年来，在国家政策的扶持下，重工行业的发展态势较好，给重型工业企业带来较为可观的利润。

一、重工企业成本核算与管控概述

传统重工企业的成本管理主要由产品成本、期间费用两部分构成，对成本核算更多地侧重于对产品成本的核算，也就是生产某一特定产品而发生的制造成本、间接制造成本等。整个期间费用应当直接纳入当期损益中进行核算。随着经济全球化、信息技术的发展，现代重工企业以及技术环境都面临着巨大的挑战，在重工企业成本管理当中，成本核算体系正逐渐向成本管控转换。而以管理会计为基础所形成的成本管控体系，就是对成本的各个核算流程进行严格的管理与控制，从而减少资源浪费、提高经营效益的管理活动。

二、管理会计在重工企业成本控制应用的必要性

促进重工企业实现高质量发展是管理会计在企业应用中的最终目标。重工企业不论是在何种社会时期，都对一个国家经济发展有着十分重要的推动作用，要想保证可持续性发展，就需要构建管理会计成本核算体系，为决策者提供更多、更深入的决策资料。

管理会计职能也决定着管理会计提供的信息，这与重工企业治理有着紧密的联系，在健全重工企业内部控制体系与财务管理制度上，管理会计发挥着十分重要的作用。管理会计不仅为重工企业加强日常生产运营管理提供服务，还能够为重工企业创造核心价值做出贡献。通过发挥管理会计在成本核算中的积极作用，能够使其为决策者及时提供有用的成本信息，并快速做出决策。也可以针对成本核算环节存在的问题，及时制定应对措施，为重工企业实现经济高质量发展提供保障。

三、重工企业成本核算存在的主要问题

（一）成本核算数据信息收集困难

重工企业的产品生产流程繁杂，涵盖产品订单签订、设计研发、生产计划安排、生产环节、产品入库以及发货等多道流程。而对各个环节原始成本数据的收集，是实现管理会计成本核算应用的重要基础。传统

会计模式下,重工企业存在成本原始数据收集的困难,产品成本的核算更多的是依赖财务人员的专业素质进行,这就造成重工企业的产品成本核算在准确性上有所欠缺,不利于重工企业精细化管理,也不利于重工企业的产品销售定价。一些重工企业在台账的建立上并不是特别规范,由于没有业务部门的核对,仅仅依靠财务部门的数据进行成本核算,难以保证间接成本分配的科学性。

(二)成本核算指标不足以支撑后续分析

成本核算指标直接关系后续财务、经营等相关分析工作,是管理会计成本分析的重要基础。成本核算制度如果没有结合管理会计理论进行指标梳理调整以及优化,很可能使成本核算指标管理粗放,准确程度无法满足要求,不能体现重工企业生产、销售流程,因此成本核算指标就无法发挥出应有的效用。重工企业的成本核算指标很多都是沿用传统的成本核算方式得出的,并没有运用管理会计理论对成本核算指标进行重新梳理优化,不利于重工企业成本核算指标的优化。

(三)财务与业务融合程度不够深入

当下许多重工企业在组织管理结构上财务依然处于管理的中台或者后台,核算和反馈是财务的核心职能,没有将财务程序前置,更没有实现业财融合,所以财务部门在完成成本核算时,都是凭借自身的主观经验完成判断,没有从重工企业的具体业务流程中完成成本核算,由此也导致资金管理和流向存在主观判断，没有进行科学调配，使用资金控成本的措施成为摆设。重工企业财务与业务的融合不仅能够为成本核算提供保障，而且有利于财务加强对业务的风险监督与防范，尤其是重工企业生产流程烦冗复杂，只有通过财务与业务的融合，通过对资金的监管，加强对业务成本乃至流程的监管，才有利于重工企业发展高质量经济。

（四）管理会计作用没有充分发挥

重工企业在进行成本核算时，主要涵盖产品研发、生产环节、售后服务3个环节。但是，由于重工企业对管理会计应用不到位，许多成本核算流程无法优化，导致一些项目成本核算采取了平均主义，从而无法发挥管理会计的成本核算管控效果。

重工企业在产品研发环节进行成本核算时，整个研发部门所形成的成本费用很难在所研究的产品间进行准确的划分，所以产品成本核算会形成一定的误差，针对某种产品研发费用的管控困难就会大大增加。

产品生产环节的成本核算主要是以各个生产车间所生产的各种产品的统计资料作为基础，但是由于重工企业的产品生产工序繁杂，所需要的物料众多，生产工人的分工专业性又很高，因此制造费用的分摊存在很大困难，从而造成管理会计效果无法充分发挥。

销售与售后环节所产生的费用主要是销售部门为了完成销售指标所产生的费用，费用的发生具有时间不确定性、金额不确定性，对此类成本的核算与匹配难度更大。

四、重工企业加强成本核算应用管理会计的对策

（一）夯实管理会计成本核算应用的基础

在新的经济形势下，重工企业必须要以实现高质量发展为目标，才能够增强自身竞争力。通过引入先进的财务管理软件，可以为管理会计实施构建扎实夯实的信息技术基础，将先进的财务管理软件覆盖到重工企业的各个环节，可以对企业的产品研发、生产、销售等各个环节进行管控。通过软件进行成本核算、数据收集，不仅可以提升成本核算数据的准确性，同时也大大提升成本核算数据的收集效率。好的财务管理软件，能够为重工企业深化管理会计在成本核算中的应用，提供十分重要的作用，也能规范成本核算的流程。

（二）优化成本核算指标

成本核算指标需要能够准确反映重工企业的成本实际情况，因此，只有结合重工企业生产实际，对成本核算指标进行梳理、优化，与同行业对标，才能够满足管理会计成本核算的要求。如，某重型装备制造有限公司作为场桥专业化生产基地，财务人员根据主要产品类型，通过梳理各成本项目、能源指标等对成本进行合理分摊。改革后的分摊模式，根据管理会计理论，按照实际产能和理论产能分别分摊入账，增加了因产能不足造成的分摊费用科目，更加便于与预算指标对标及后续节超支

的分析工作。

(三) 贯彻管理会计理念，强化业财融合

管理会计需要以业财融合为基础，业财融合本质是让管理会计发挥作用，二者实际上是相辅相成的。重工企业要加强管理会计理念的普及，不仅限于成本核算，更要从部门编制计划、控制经济活动等多个环节进行应用，记录与分析经济业务，直接应用到参与决策的控制环节。在贯彻管理会计理念时，必须以深化业财融合为前提，通过相关部门的合作与交流，提升财务、业务人员的管理会计理念，为发挥管理会计作用打下基础。

管理会计作为财务管理的理论，重工业企业在提升管理能力方面要重视其作用发挥，不断提高重工企业的管理"软实力"，发挥管理会计在成本核算的重要作用，有效地促进重工企业实现高质量发展。

第二节 管理会计在医院财务管理中的运用

近年来，随着国家医疗体制改革的持续深入，政府会计准则的颁布，事业单位内部控制制度的执行，都给医院财务管理带来了机遇和挑战。通过发挥管理会计在财务工作中的作用，强化财务管理水平，提高会计工作效率，赋能医院改革发展，是广大财务管理工作者的职责所在。

实践中，管理会计在医院财务管理工作中发挥了巨大的作用，为医

院内部管理工作提供了科学指导和决策依据,有助于提高医院整体效益。因此,越来越多的医院逐渐提高对管理会计工作的认识,加大管理会计人才的培养力度,挖掘管理会计价值,切实发挥管理会计在财务管理工作中的作用,不断提高医院财务管理水平,更好地优化医院内部控制,以提升医院运营管理成效。

一、管理会计的作用

(一)提高财务管理的有效性

随着医疗体制改革的不断深化,医院更加重视财务管理工作,越来越多的医院赋予财务部门参与医院重大决策的职能,财务工作不再停留于以前的结算、核算、清算层面。为提高决策的有效性,有必要充分调动财务人员在决策管理工作中的积极性,提高管理会计的参与度。管理会计作用发挥后,可以转变医院财务管理工作的职能,在传统核算、统计的基础上,结合医院发展实际,为医院提供更加完整的财务信息数据,编制的财务报表便于医院管理者更加直观化和清晰化的掌握医院现阶段财务管理进度和具体的情况,更能为医院管理者提供决策依据,并及时做出相应的调整和改进,进而保证医院在运营管理上更加规范化和标准化。管理会计作用发挥后,强化了对医院财务成本的合理性分析,通过科学统计、计算业务量与成本的关系,并且实时跟踪追溯财务资金支出、调拨和使用情况，加强医院资金管理；根据财务各项指标进行定量分析，提高医院财务成本控制工作质量。管理会计作用发挥后，会计人员广泛参与医院运营管理各项工作，实现了对财务、运营等各方面的管理，可以更好地提高医院自身的竞争力，有效降低医院的风险，避免造成医院经济损失。

（二）规避财务管理风险

通过建立管理会计体系，会计人员可以更好地履行岗位尽责，致力于财务管理分析，发现问题、解决问题，不断提升决策支持能力，适时向医院管理者提供准确的财务数据信息，从而提升医院抵御风险的能力，促进医院良好发展。医院引入管理会计理念后，财务人员可以通过搭建更加完善的财务管理内控体系，为医院各项管理制度的制定提供便利条件，进一步促使管理会计全面掌握医院当前运营情况，并就财务管理中出现的问题提出建设性的意见，给出相应的解决措施。

（三）整合医院资源，优化医疗资源配置

在医院财务管理中，通过设置管理会计岗位，安排相应人员，明确岗位责任和职能作用，组织编制全面预算，根据医院当期运营收入和费用支出，确定目标成本和目标利润，为医院搭建财务成本控制体系，加强对成本和资金的管控，并切实将预算指标落到实处。每季度根据全面预算反馈的信息，加强财务报表数据的审计和数据对比分析，及

时了解掌握医院各种资源利用情况，进而为医院管理者提出管理建议，参与到医院分析、决策事务中，保证医院内部组织机构的协调性，加强医院资源整合，实现资源优化配置，保证医院平稳、有序、健康运转，切实发挥管理会计在财务管理中的作用，实现经济效益的提升。

（四）参与考核，推动考核工作的开展

管理会计的核心思想，就是变被动核算为主动管理，通过统计、分析预算的执行情况，强化医院内部绩效考核工作，监督和管理整个医疗过程，将医院收入、成本、收益情况等各项指标纳入绩效考核工作中，实现对事前预测、事中掌控和事后审计目标，提升医院考核能力，保证考核评价的实用性和有效性，提高医院整体运营管理成效。

二、管理会计师构建业财融合运营管理机制的主要措施

（一）构建现代财务管理体系

以加强公立医院运营管理、深化医院综合改革为目标，坚持公益性和价值导向原则，管理会计师在综合借鉴财务管理理论、管理会计研究方法和工具的基础上，推动创新财务管理体系建设，以"体系统一、内部贯通、业财融合、协同高效"为目标，构建包括嵌入内部控制规范的全面预算、会计核算、资金结算、成本核算的现代医院财务资产管理体系。该体系向前打通交互通道连接业务管理，向后打通管理链路

衔接财务管理，强化在财务以及各项业务和运营工作之间的有机结合，为打造具有医院特色的财务管理，提高医院管理效能，打下扎实的基础。

（二）深入实施全面预算精细化，合理配置资源

管理会计师以战略发展规划为导向，推动构建全新预算双体系架构，全面完善医院预算管理体系，深入实施全面预算精细化管理。以战略发展规划为导向，通过多维指标分析，加强业务科室预算资金计划的科学性，确定年度目标并合理配置资源；预算系统与业务系统、HRP、成本、会计核算、资金与资产管理体系等不同模块之间的信息联通，将预算控制关口前移，对预算的管理和实际使用实行更严格的要求，确保预算按计划执行；加强执行考核以及评价；在预算管理上，从执行人员、执行过程、执行路径都要实行全面预算管理；在"统筹、调优、节流、畅通"上下功夫，提高资金使用效率和效益。

（三）推动成本一体化工作，强化全成本数据的挖掘、利用

推动成本一体化工作，满足医院内及外部管理的特定成本信息需求，建立完善而全面的成本和费用原始数据库。通过各种数据采集和数据分析的技术和手段，提高各种成本数据的质量，强化各种数据从原始采集和存储，到数据的传输和使用、运用等各方面的基础工作，强化全成本数据挖掘工作。着力提高医院成本数据价值，提升成本数据对医院预算、绩效、物价等工作的支撑作用，深入开展病种成本管理，积极应对收付

费方式改革。

(四) 逐步完善医院资产管理体系

以问题为导向,系统梳理资产管理路径和重要节点,打破固态管理思维,建立多部门沟通机制,完善资产的管理和运营流程,提高资产的精细化管理程度,实现资产的全生命周期管理。通过各种信息化的技术和方式方法,加强医院资产的清查和管理工作,重点关注长期闲置资产问题,做到责任、措施、任务、管理、审核和监督"六个到位"。加强资产数据治理、盘点和分析利用,为科学决策提供数据支持。

三、管理会计师加强运营管理保障与监督的主要措施

(一) 加强内部控制,发挥监督职能,有效支撑运营风险防范

从战略层面重视医院内部控制体系建设,提高医院各项业务经济活动的合规性,加强业务管理过程中的内部风险防范,加强审计部门内部控制评价与监督职能。从监督职能看,要对重大经济事项进行事前、事中、事后全过程的跟踪审计监督,降低发生经济风险的概率,减少决策失误。从评价职能看,内部审计应全面、系统地评价医院的运营管理活动,并提出针对性强的建议,促进医院运营管理效率的提升。通过搭建风险监控平台,分流程、分专业、分模块地逐步建设风险监控网络,提高医院风险防控能力。管理会计师作为医院高层管理者,对内部控制

积极推进与配合具有战略层面的意义。

（二）立足信息化支撑、数据资源整体规划与管理，创建数字化运营

管理会计师是引领数字化转型的核心力量，数字化赋能医院，是提升运营效率和管理能力，促进体系构建以及治理能力提升的有效举措，创建数字化运营管理有以下 7 点主要内容：（1）加强业务与经济管理的相互统一和协调。在医院医疗、教学、科研、预防等各项核心业务和质量控制环节中，逐步融入经济管理的各项要求，并促进二者的深度融合。（2）推进运营管理信息化建设。主要围绕人员物资、经济财务、基础运行、综合决策等领域，以及医疗、医保、药品、教学、科研、预防等事项，全面建设运营管理系统；重点建设人力资源管理系统、财务系统、绩效考核系统以及基础平台、数据接口和运营数据中心等；实现全流程管理，促进业务流、资金流、管控流、票据流、数字流的五流协同；统筹业务库、风险库内控关键控制点布局。（3）站在数据资源整体规划的高度，通过标准化、流程化、协同化解决数据共享问题。（4）建立运营管理系统和数据中心，构建决策分析体系，加强信息系统间的有效对接，以支撑运营数据的统计、分析、评价、监控等，提高决策质量。（5）关注行业前沿技术，加深对数字化的理解，发现数字化在经济管理中的潜能，寻求转型机遇。（6）密切关注新兴技术，关注业务流程和模式的卓越再造过程，数字化的核心要以场景为

抓手。（7）医院要从上到下营造数字化文化，见微知著，尽可能减少转型阻力。

（三）运用绩效考核，保证运营管理制度的有效落实

设立内部综合绩效的考核指标和考核体系，从医疗、教学、科研、预防以及学科建设等方面全方位开展绩效评价工作，全面考核运营管理实施效果；通过强化信息技术，保证考核质量，并将考核结果与改善内部管理有机结合。充分研究医院的运营和管理程序以及人员的绩效与考核指标，从而设定与之相配合的绩效考核和管理制度，将运营管理的重要职责具体落实到岗位职责中去，通过清晰的岗位职责化、职责表单化、表单信息化等落实各项责任，保证运营管理制度的有效实施并持续优化。

四、落实管理会计师制度、推进运营管理的建议

（一）明确管理会计师在医院运营管理中的职能定位

加强公立医院的运营管理，管理会计师作为医院财务管理团队的一员，其价值需要得到充分的体现。管理会计师在医院运营和经济管理上，承担领导和管理的职责，并要协助医院领导进行全面的管理工作。通过明确管理会计的组织体系、管理职责等，在制度体系的保障下，组成医院运营管理委员会，管理会计是医院运营管理决策的参与者，同时也是

运营活动的监控者、协调者。

（二）管理会计师助力现代运营体系搭建

在公立医院高质量发展的背景下，医院要发展新效能，管理会计师应深入解读政策，助力医院现代运营体系的建立，并运用信息化手段、大数据管理监测管理，使医院整体运行效率提升，支出成本降低，要使更多的收入用于人员支出、技术提升、学科的建设。运用完善"全面预算"、加强"内部控制"、健全"绩效评价机制"等"工具"进行管理是非常重要的，特别是以绩效考核评价来引领医院坚持公益性、强化公益性主导，进一步提升医院运营管理效率，加强文化建设，提升员工、患者满意度，理顺医院运营决策、分工、落实、评价、反馈的管理机制。

（三）管理会计师管理能力的培养

管理会计师的职能定位决定了管理会计师应具备决策、组织、执行、协调、监督的5项基本管理能力。管理能力既来自管理会计师的天赋及经验，又来自日常知识的积累。因此，管理会计师的管理机构、任命单位应注重定期管理知识培训，为管理会计师创造多领域的交流平台，加深实践、开阔视野，不断提升能力，从而能够督促管理会计师更好地履职尽责，发挥作用。

第三节　管理会计在教培机构的运用

一、财务管理机制概述

（一）现代财务管理机制基本含义

财务管理作为企业管理的核心内容，是企业在战略目标指导下对资产投资、资本融资、资金运营、利润分配等环节进行管理的总称，即企业组织财务活动、处理财务关系的工作。

财务管理机制是现代企业实施财务活动的主要制度标准，对财务管理目标的实现具有指导作用，主要包括会计组织系统、会计业务处理系统、会计信息系统、资金管理制度、审批制度等，具体指会计组织机构及其岗位职责、会计凭证、会计账户、账簿、会计记账程序和结账程序及会计报表、按经营业务循环特点分类的会计处理程序等。财务管理机制是教育机构的基础性工作，其有利于提升教育机构的经济效益，推动教育机构的长远发展。

（二）加强财务管理机制建设的重要性

随着教育机构的迅速发展，机构规模不断扩大，其下设的子机构及产品等不断增加，教育机构的财务管理工作日益繁杂。建立科学完善的财务管理机制,有利于教育机构明确会计目标,构建完善的财务内部控制系统,形成代理关系明确的现代化治理结构与组织结构,完善机构内部会计制约机制,促使财务部门内部控制重心转移到人力资源、知识产权、物质资源组合等方面。通过财务指标分析系统,可以明确机构的财务风险规模、资信状况等,在此基础上进行融资与投资,可以确保决策的正确性。同时有助于机构制定绩效评估系统,依照产品的生命周期确定合理的绩效评价指标,并据此对各产品的工作现状进行合理评估。通过分析企业的综合实力、运行绩效、发展潜力等,可以为机构转型提供良好思路。设置财务风险预警系统,提高机构全体员工的财务风险意识,可以促使财务人员及时发现机构潜在的风险,并上报上级领导,制定相应的防范措施,提升机构财务管理水平及风险防范能力。充分发挥其内部审计监管作用,可以促使机构掌握下属机构的财务信息,通过垂直管理,加强对下属机构财务管理的监督,从而确保教育机构的健康发展。

在市场经济背景下,教育培训行业的市场竞争不断激化,部分教育机构为获取更高的市场份额,运营中存在不规范的经济行为,影响市场竞争公平性的同时制约机构的发展。加强财务管理机制建设,有助于机构全面了解自身的财务现状;通过分析市场环境,科学制定预算编制,并通过完善的考核机制可以加强预算执行;借助内部审计机制,监督、维持经济秩序,可以防止贪污腐败现象发生,从而真正提高教育机构的经济效益。

二、强化教育机构财务管理机制建设对策

(一) 提高思想认知度，树立新型的管理理念

在激烈的市场竞争背景下，教育机构要提升市场占比、扩大运营规模，就要转变财务管理理念，提高思想认知，充分了解财务管理的知识、组织结构及岗位职能等内容，并树立新型管理理念，结合内部控制与全面预算管理，建立科学健全的财务管理机制，提升教育机构的财务管理水平。在机构内部开展财务管理宣传活动，增强全体职员的财务管理意识，并组织其积极参与财务管理活动。通过完善的预算编制、预算执行、内部审计监督及反馈机制等，增强管理层对各部门预算执行效果的了解，进而及时调整、完善财务预算管理机制，全面强化教育机构的财务管理机制建设，实现教育机构的经营目标。

(二) 优化财务管理机制，健全管理流程

针对当前我国教育培训机构财务管理体制建设不全面的现状，教育机构要依据国家的财经制度、机构管理现状、发展需求及市场环境等制定科学完备的财务管理机制。这一过程中，教育机构要依据现代化企业管理模式构建股东大会、董事会、监理会、经理层的治理结构，并依据岗位职责设立预算部门、采购部门、资产管理部门、内部审计部门等组织结构，通过完备的组织结构规范机构财务管理流程，提升预算指标、

财务信息、决策的科学性。同时完善相关制度,如全面预算管理机制、内部审计机制、财务风险预警机制、内部控制机制、绩效考核机制等,强化资产投资、资本融资、资金运营、利润分配等环节的制度约束力。如S教育机构在运营管理中,就是依据机构的财务现状制定了一系列科学有效的财务管理制度及相关规定,由财务部门及内部审计部门监督管理制度的执行效果,并制定财务管理程序和政策。预算管理中明确要求财务部门依据各部门职能准确编制月、季、年度财务分析报告,并制定资金调配制度及流程,通过财务风险预警机制,监控对公司造成经济损失的重大经济活动等。

(三)强化财务预算管理,实现全面预算

教育机构的全面预算管理包括预算编制、预算执行、预算考核等环节,为提升预算管理水平,机构要从各部门中选取专业水平及职业道德素养较高的人员组建预算编制小组,全面负责预算编制前期的分析、预算执行中的考评、预算考核的监督等工作,并通过反馈机制及时调整预算方案,确保预算指标的实现。具体表现为(1)创新预算编制方法。现阶段我国多数企业为提高预算管理水平,依据零基预算进行预算编制,教育机构在运营中,可结合零基预算和绩效预算实施预算管理,即财务人员综合分析教育机构历年的收支结构,并结合本年度收支信息增加收入渠道,控制成本支出,保证预算编制的科学性。(2)精确预算编制,实现按日追踪,切实可行地将机构年度、季度、月份预算编制

分解到岗位操作细则中，并将预算指标细化到每个操作环节，便于日常管理工作的有效控制。

（四）建立内控监督体系，加大监管力度

有效的内部审计监管机制一定程度上可以提升财务管理内部控制的整体性与系统性，有利于加强对教育机构财务管理机制运行效果、全面预算管理科学性的监督，进一步推动机构财务管理机制建设的完善性。这一过程中，教育机构要聘请专业人员组建内部审计部门，完善内部审计机制，明确内部审计部门受命于管理层，为审计人员提供独立的审计环境，同时强调事前分析、事中控制、事后核算工作的开展。事前审计环节，内部审计人员要综合评估全面预算管理、风险防控、成本管控等环节操作的合理性，以获取准确的财务数据和信息处理结果。事中控制环节，审计人员要结合战略目标及年度经营计划等，编制审计方案，确定审计目标，通过日常审计、连续审计、全面审计、合并审计等多样化的审计方法，加大对机制执行情况的监管力度，提升教育机构内部控制管理水平。事后核算环节，审计人员要注重财务管理机制运转情况的监督与评价，及时调整、完善内控机制，提高教育机构的市场竞争力。

（五）增强财务风险意识，促进部门协作

有效的财务风险管理体系及制度等，一定程度上可以提升教育机构财务人员的风险意识，从而构建风险预警系统，综合分析各项目的投资

风险,以降低机构的财务风险。教育机构要通过专业培训及相关法律法规的学习,提升财务人员的风险意识及防范能力,明确财务部门职权,引导其参与机构的各项管理活动,增强部门间的协作能力。组织财务人员对各项目及管理对象进行综合分析,制定相应的财务风险指标,通过比例分析法与数学模型法等方式,细算财务报表及预算指标等信息,从而获取真实完整的财务数据,制定相应的防范对策,发现项目活动中隐形的风险,提升机构财务风险防范能力。

(六)规范流动资金、固定资产管理,增强资金储备

在教育机构财务管理中,管理层还需注重固定资产及流动资金管理,制定完善的固定资产管理机制,购进现代化的管理软件。通过资产登记与核算的信息化管理,提高教育机构的内控效率,并制定账、簿、证卡、签等相关机制。这一过程中,财务人员要全面审查各部门的流动资金及固定资产,并在此基础上制定固定资产登记卡片及标签,实现一物一卡制;设立资产登记簿,登记资产的名称、性质、登记时间等信息;资产购进、入库、借用等环节需部门领导、经办人、申领人三方签字确认,从而实现责任到人,确保后期资产毁损、流失时能及时找到责任人,保障资产安全性。在流动资金管理中,教育机构要注重现金管理,强化现金预算编制,用机构闲置资金进行短期证券投资,并划定合理的赊销数额,每月编制账龄分析表,规定收账人员、时间等,增强应收账款的管理。

(七) 完善财务队伍建设，实施系统管理

市场经济背景下，各企业的竞争逐渐演变为人才竞争，教育机构在运营管理中要注重构建高素质、专业化的教育团队、研发团队及财务团队。财务管理中聘请业务水平及职业道德素养较高的人员担任管理工作，定期组织其参与财务管理知识培训与相关法律法规的学习，提升财务人员的财务管理意识、业务水平及职业道德素养，并制定完善的考核机制及奖惩制度，激励财务人员自主学习财务管理知识，提升机构的财务管理水平。

教培机构要树立新型的财务管理理念，优化财务管理机制，强化财务全面预算管理，建立内控监督体系，增强财务风险意识，规范流动资金、固定资产管理，提高财务人员素质，从而全面提升教育机构的财务管理水平，实现机构的健康发展。

第四节 教育机构管理会计应用

随着我国经济的不断发展，越来越多的企业注重管理会计的应用，教育机构也逐步进行管理会计尝试。下面将对教育机构管理会计应用具体问题进行研究，并就如何进行管理会计应用提出合理建议。

一、教育机构管理会计应用中存在的问题

（一）企业管理会计理念淡薄

传统的财务会计着重于对过去事件的如实反映，而管理会计是从动态上解析企业生产经营中的资金流动状况，更注重科学制定企业发展战略，从而提高经济效益。目前我国多数企业虽然实施了管理会计，但简单地把管理会计等同于财务会计，有些管理者认为管理会计功能就是会计核算，并没有认识到管理会计对企业战略管理的信息支持作用，浪费了大量管理会计提供的有效信息。

（二）财务人员综合工作能力不足

由于管理者对管理会计的认识较片面，致使财务人员工作中把管理会计当作财务会计的一部分看待，工作能力也没有得到提升。管理会计涉及的内容非常多，应用方法也比较多样。新时代教育机构强化管理会计职能，财务人员不仅要具备较高的预测未来经营活动的能力，帮助决策者制定可持续发展的战略目标，同时还要具备全局思维，全面了解新时代信息数据处理的内容，并且要从财务角度对业务部门提出建设性的意见和建议，真正做到"业财融合"。如果财务人员工作能力不足，管理会计在经营管理中就不能发挥应有的作用。

(三) 管理会计工具利用程度较低

管理会计实践中是以作业成本法、平衡计分卡、全面预算管理等为主要工具。教育机构工作中也搭建了这些工具的应用，但目前更多的是运用流于形式，实质作用没有得到很好体现。如，作业成本法计算较复杂，运用程序也比较烦琐，教育机构对一些成本，如后勤管理成本的控制意识比较薄弱，作业成本法消除浪费、提高价值的作用也难以发挥；对平衡计分卡的认知存在一定的误解，应用中一些对任务很有价值的指标难以量化，而一些容易量化的一般性日常任务又不起重要作用，评估结果对工作开展没有参考价值或者激励无效，阻碍了企业工作的开展；预算管理的执行中，不能做到全员参与和全范围实施，刚性约束力较差，或出现一些变化就频繁地进行预算调整，不能真正确保战略目标的实现。

(四) 会计系统信息化建设不健全

管理会计人员可以利用电算化系统减轻工作量，降低财务工作错误率，从而带来客观的和更准确的财务数据。目前教育机构在系统建设中还存在很多问题，如，缺乏会计信息系统或者系统不完善，导致经营管理信息无法及时传递给管理人员等。随着新时代人工智能发展，教育机构也会运用很多现代化信息技术。当前部分机构会计电算化，虽然可以减少很多编制月份财务报表的人力、财力、物力的浪费，但是主要作用还是体现在事后的会计核算和反馈上，对管理会计前期决策和事中控制的作用并不大。而且信息技术更新变化速度快,如果信息化建设不能做到及时和完善,管理会计应用也会出现很多问题。

二、教育机构强化管理会计应用的建议

(一)强化管理会计管理理念

管理会计既有会计反映和监督经济业务的职能,又有现代管理活动规划、控制、评价、考核的职能,因此管理会计是将财务会计延伸至更广泛的领域,使其在管理上发挥更大的作用。教育机构领导层首先应当认识到管理会计在发展中的重要作用,要对管理会计理论与工具进行全面了解,建立完善的管理会计体系与制度。在此基础上,应该通过多渠道的推广、宣传与培训,如,利用会议、报告、研讨会等多种形式,给财务人员的学习提供一个良好氛围,并强制要求财务全体人员包括高层管理人员参加,强化对管理会计的应用意识,从而使高层人员意识到运用管理会计的必要性。

(二)提升财务人员综合工作能力

教育机构应当设立专门的管理会计工作岗位,把管理会计作为一个独立的系统,并设置专门负责的财务人员。应当定期邀请专业人员对管理会计人员进行培训,可以通过具体案例分析,让财务人员掌握管理会计的操作途径,还应当鼓励财务人员在空闲时间多学习一些经济学、

管理学以及主要经营项目如教学管理的内容，并且不断完善和创新财务人员的考评机制，建立高效激励机制，从而提升财务人员的工作能力与管理工作能力，促进企业的健康发展。

（三）综合运用各种管理会计工具

1. 全方位实施作业成本法

教育机构管理主要包括教学管理、日常管理以及后勤管理等，将作业进行梳理和分解，找到其中的同类并进行整合，以统筹方式实现成本费用的归纳和再配置。这种中心化模式可以将财务作业成本进一步落实，如，通过课程设置、考务管理、学籍管理等流程来实现，关键在于让作业中心成本随变动成本因子进一步落实成本核算对象，找出成本浮动差异的影响因素，真正实现作业成本法自身价值。

2. 重视平衡计分卡的运用

平衡记分卡是以企业的发展战略为基础，从客户、内部经营、员工学习与成长、财务等方面，将组织战略转化为具有操作性的量化指标和目标值的绩效管理体制，使企业做出正确的绩效评价。对教育机构，无论是制定教学的统筹规划，还是考核教职员工业绩水平，其运用都具有重要意义。教育机构在应用平衡计分卡时，首先应当梳理各组织职能机构，既要实现机构间各部门横向协同，又要实现机构与外部利益相关者如客户、供应商、投资者间的纵向协同，同时应从各方面提升员工学习与成长能力，使每名员工都能注重战略目标的实现。绩效实施阶段要详细记录每一项绩效目标执行情况,对绩效评估结果也要及时反馈,以便对存在的问题形成统一意见,并在后期工作中加以改进。

3. 落实全面预算管理

一是要做到预算理念全员参与,每个职工都要积极参与其中,发挥自身的价值和作用,同时要进行全方位的宣传和教育;二是要做到各项业务全面覆盖,以教育机构整体发展战略为出发点,对教学和管理环节进行重新梳理和深入研究分析,并且要重视实际应用环节;三是要做到管理流程全程跟踪,要将管理会计流程和相关业务间的问题及时解决,并根据实际执行情况加以分析和优化,必要时进行调整,并且定期考核,进行绩效评价,以确保全面预算目标的实现。全面预算管理体系推行过程中必然会显现出各种问题,一定要保持理性思维,使其发挥出应有的效用。

(四) 完善会计系统信息化建设

教育机构必须要建立完善的会计信息系统,特别要加强会计系统的信息化建设,将相关信息放在统一管理平台上进行管理,加快信息传递速度。教育机构还应当把原有会计电算化利用现代技术与管理会计进行有机结合,发挥管理会计在事前决策、事中控制与未来规划等方面的重要作用。教育机构应当有效运用会计电算化管理,有效提高管理会计的工作效率和管理质量,帮助机构节约时间、人力、物力等资源,还应当持续进行相关会计软件的更新换代,还可以应用ERP系统,在各工作环节贯彻"业财融合"的理念,实现两者多方面融合。

教育机构需要加强管理会计的应用,不断提高财务人员综合工作能力,逐步完善管理会计信息系统,尤其要充分运用适合自身特点的管理会计工具,并充分发挥其积极作用,提高经营管理工作效率,保证教育机构在激烈的市场竞争中能够持续稳定发展。

第五节　管理会计在交通运输企业的运用

近年来,随着国家对交通运输行业投入的不断加大,交通运输企业的实力也在不断增强,人们出行更加便捷、更加舒适。在获得长足发展后,交通运输行业拥有庞大的固定资产规模和运营体系,可以说,运输行业既是重资产也是重人力行业。目前,这个行业也面临着细分市场的激烈竞争,因此也面临很多问题。交通运输企业如何获得持续性发展,进一步提高人民的体验感和获得感,提升企业财务管理水平是其中的措施之一。

一、交通运输企业经营现状

交通运输行业作为国家的经济命脉,近20年获得了超常规的发展,运输能力显著提高,企业的服务也由单一化向多样化、精细化转变,企业的收入来源呈现多样化,企业的规模也日益扩大。目前,交通运输企业收入主要包括营运收入、营运衍生服务收入和财政补贴性收入等。交通运输企业也承担了大量非营利社会责任，固定资产比重大，流动资产如原材料、存货的比重小，各辖属公司地处不同地域，各辖属公司的财务人员大多以派出为主。随着我国经济发展进入新常态，企业既面临重要的战略发展机会，又要应对企业内外各种风险的挑战。

二、加强交通运输企业财务管理的对策

在企业经济活动中，始终贯穿着财务管理工作，所以，交通运输企业要通过开展财务管理工作，主动支持企业发展，获得更多的收益，进而使企业实现可持续的发展。

（一）建立完善内部控制制度

完善的内部控制制度，可以保证企业经济活动合法合规，保证财务信息的真实完整，促进企业高效发展。交通运输企业完善内部控制制度，首先要从部门岗位职责设置、审批权限、会计控制等方面入手，完善各项管理规章制度，防止人为干预，加强总部对财务人员的垂直管理，做到财务人员职责权限明确，规范会计人员行为，使各项财务工作严格按规定落实。其次要建立完整的内审机构，做好内部审计制度建设，保证内部审计的独立性，对内部审计发现的财务管理中的问题要及时提出，并制定整改措施，监督整改到位。

（二）加强企业财务风险控制

财务风险是客观存在的，把财务风险控制在一个合理的、可接受的范围之内是财务管理的重要目标。为了应对外部环境变化的影响，交通运输企业应制定相应的风险调控机制，如可以建立全面的预算管理体系、资金使用监控体系；财务人员应树立风险观念，不断提高综合判断能力，并提出相应的应对策略，如发现环境变化后，及时开展成本分析，编制滚动预算等，做到早准备、早谋划，从容应对，规避企业财务风险。交通运输企业应该多措并举，科学合理地利用现金流，提高现金收益；选择合适的筹资方式，拓宽融资集道，充分论证资本成本，降低企业债务负担，达到资本结构最优。企业进行管理风险时，应充分分析财务风险产生的原因，通过建立财务风险的事前控制、事中控制、事后控制的全过程控制体系，积极应对新环境和新风险，总结经验教训，努力化险为夷，建立风险档案。

（三）以人为本，优化财务人员队伍

交通运输企业面对复杂的发展形势，为了提高财务管理水平，防范财务风险，还需要从企业财务培养入手，进一步提高财务管理工作的科学性、有效性。通过开展财务人员培训，加强财务人员自身职业修养，遵守职业道德，坚持崇高的会计职业理想；财务人员需加强专业知识的学习，加强对财税法规及新政策的学习，熟练掌握财务软件、数据库等新技术，成为复合型财务人才；最后，充分发挥财务人员的主观能动性，通过完善基层财务人员的激励机制，细化工作的考核标准，调动财务人员的主动性和创造性，要让财务人员积极参与企业的日常管理，为企业经营管理活动提出合理化建议，为领导决策提供支持。

第六节 汽车客运站的财务管理

汽车客运站通常是交通运输企业的一个分支，作为运输节点，为旅客提供购票、候车、购物、餐饮以及休闲等服务，其收入来源主要是售票收入、货物销售收入、商铺租赁收入等，每个交通运输企业都拥有庞大的运输体系，而分散在各地的汽车客运站就是这些运输线路的补给站。

一、汽车客运站财务管理现状

（一）汽车客运站财务管理的特点

成本管理难度大。成本管理是财务管理的重要内容，而汽车客运站在提供服务的过程中，所应用的运输设备规格、运输路线等方面会存在差异，导致成本计算对象并不统一，要在保证运输安全的前提下尽可能缩减成本，存在较大的难度。由于汽车客运站的主要功能是按照合同要求，将乘客从一个地区运送到另一个地区，乘客到达目的地后，汽车客运服务也就随之结束，对于该乘客的收入、成本都已经完成确认，当期的运营结果可直接计入损益，不会再有其他未达事项。最后，由于汽车客运站的运营管理模式简单，无论是收入确认还是成本核算都没有复杂的过程，所以，汽车客运站的财务管理提升不会增加太多的人力物力。

（二）汽车客运站财务管理存在的问题

1. 财务管理不规范

汽车客运站作为汽车客运集团的下属企业，一般采用独立核算的财务管理模式，客运集团对其管理采用财务检查的模式开展。但由于目前汽车客运集团下属分公司、子公司众多，除了季度、年度按时收集分、子公司财务报表之外，在实际工作中，客运集团要实现对分布范围广且非常分散的客运站进行检查难度非常大，导致财务监督和财务控制很难全覆盖，以及部分汽车客运站在财务管理过程中存在的管理漏洞难以被发觉，从而导致财务数据的不准确、财务管理的不规范。

2. 财务管理人员结构不合理

由于汽车客运站服务方式单一，财务管理人员不需要进行复杂的收入、成本核算，一方面，汽车客运站管理层忽视对财务管理人员的招聘、培训，导致汽车客运站财务管理人员的业务素质整体偏低；另一方面，工作没竞争、没挑战，财务人员主动学习的能力也不强，加上交通运输企业普遍收入较低，部分能力较强的财务管理人员在年龄、经历等达到一定水平后，流失情况比较严重，这进一步加剧了财务管理人员的结构失衡。

3. 财务控制能力较低

部分汽车客运集团为强化对分、子公司财务管理的监督和检查，会选择向分公司或子公司派驻会计人员，派驻人员的薪酬福利通常由汽车客运集团直接支付，所以不受分公司或子公司管理。这种设计的好处是，汽车客运集团通过派驻会计人员，可以加强对分、子公司的管理，防范舞弊事件的发生，提高汽车客运站的财务管理水平。但是，长时间的派遣如果没有轮岗、述职、后督等程序，会使派驻人员与企业人员不分彼此，失去派驻的意义，财务监督的有效性依然不能发挥。

二、汽车客运站财务管理的对策

（一）高效整合财务信息

汽车客运站建设高效的财务信息化系统，需结合实际情况整合信息，构建系统化数字化财务管理体系。具体可从以下方面展开：财务管理人员应注重收集、统计、归纳有利于汽车客运站发展的信息资源，明确主要来源，后期再定期从相关部门获取相关的财务信息资源。在此过程中，汽车客运集团相关管理部门需发挥指导、监督作用，并下发相关行政指令要求汽车客运站各部门积极配合，从而落实至各个工作层面，便于高效收集具有价值意义的财务信息资源。归档时注重整合汽车客运站收入、成本监测等部门涉及的财务数据资源，最大限度的保证信息完整与高效。强化成本核算,客运服务涉及范围广泛且复杂烦琐,不同专业分工不同,再加上运输、商业等部门有着紧密联系,需从众多渠道收集财务信息。构建专业化成本核算动态网络管理信息系统,能促进汽车客运站信息化统筹规划,提升汽车客运站财务管理效率,推动汽车客运站的高效运转。

(二)创新财务管理技术

汽车客运站实施财务信息化建设,目的在于高效利用和管理信息资源,提升财务管理的效率和质量。汽车客运站管理者和管理人员应从思想层面充分认识到部分信息的易得性与共享性等特征,因此,可从以下方面创新财务管理技术,为信息化建设奠定坚实基础。巧借先进技术构建符合实情的数据库与管理平台。大数据背景下衍生出很多新型信息技术,也应运而生大量先进技术与设备,为财务人员高效管理与利用信息技术开展财务管理工作提供便利。信息化时代下衍生出大量信息,光靠人力进行统计分析的效率很低,建立高效的系统化电子财务信息资源库,运用电子信息形式科学细分汽车客运站各个科室财务收支内容,可以最大限度的提升财务管理效率。构建财务一体化管理平台。基于汽车客运站已实施的信息化管理模式,基于大数据背景下财务管理人员需具备较强的自动化、智能化意识,可运用云计算技术和大数据技术构建财务一体化管理平台,在此过程中结合运输、商业等管理系统并充分发挥各个系统相互作用,实现财务信息整合。通过规范不同管理系统海量财务信息,健全可靠真实的信息数据,可以为财务决策制定以及科学化管理提供保障。汽车客运站通过应用管理平台可以统计和利用各个部门日常运行中产生的相关重要数据,使汽车客运站各个部门信息流和业务流更加顺畅。

(三)完善财务信息数据

汽车客运站在大数据背景下实施财务信息化建设需结合财务部门实际情况,同时基于整体角度制定科学合理的信息化管理流程。对财务信息化管理而言,其中最为重要的环节之一是建立信息化数据库,相关工作人员要高度重视,在对财务信息数据库进行建设和完善时,需科学合理设置相关操作标准和权限,统一各类财务信息数据格式标准,使其能全面与汽车客运站已有的信息化管理系统兼容,保证汽车客运站各个部门工作相协同,提升工作效率。相关人员在大数据背景下应具备正确的应用大数据意识,在控制财务信息数据时,要保证相关操作人员能及时、完整且准确地开展财务数据导入、存储、传输等一系列工作,并在此基础上实施高效整合,从而达到与各个部门高效共享数据目的。工作人员在日常工作中需有效审核和校验数据,使财务管理各个环节中均能精准应用。维修人员在定期维护和完善数据库时需设置访问权限,明确个人责任,避免出现篡改数据现象。所以,汽车客运站需构建完善数据库监管系统,并选取不同部门管理人员组成监督管理小组,通过对其督促和管理,保障数据库的准确性、真实性、完整性,从而推动汽车客运站高效运转。

(四) 加强预算执行力度

预算管理是财务管理工作的重要组成内容,汽车客运站财务部门在开展此项工作时,需根据大数据思维做好预算编制工作。因此,汽车客运站财务管理部门在开展预算管理时,需强化对各个环节执行力度,特别是在预算编制过程中,需正确认识数据分析的重要性和必要性。财务预算过程需运用大数据对汽车客运站各项收支情况进行统筹运算,并以汽车客运站各项财务数据综合分析为切入点,在此过程中高效利用信息技术提取相关数据信息,为预算编制提供可靠数据支撑。汽车客运站在预算中全面贯彻落实大数据理念,有利于提升汽车客运站整体水平,推动未来发展。因此,汽车客运站需强化全面预算管理,并运用大数据技术整合、分析各种财务数据后,再对其实施编制预算,随即开展预算执行和控制,以达到科学合理配置汽车客运站现有资源的目的,为实现汽车客运站战略目标奠定坚实基础。

(五) 加强人才队伍建设

只有健全完善用人制度,并在此基础上加强人才队伍建设,才能更好地推动汽车客运站财务信息化建设进程。具体可从以下方面入手:

第一,制定科学育人计划。汽车客运站需结合实际情况和大数据特征制定针对性较强的人才培训课程,丰富培训内容,优化人才培训形式,最大限度的提升汽车客运站财务工作人员操作财务信息系统的能力，并在此过程中使财务人员充分理解软件设计基础逻辑，从而熟练利用和应用财务软件操作以及信息化管理系统。第二，建立绩效考核与激励机制。任何领域的人才都需要合理的绩效考核与激励机制作为支撑，汽车客运站需积极建立上述机制，调动财务人员工作积极性，并在此基础上建立结构稳定、高素质、高水平以及专业扎实的汽车客运站财务管理信息化团队，为更好地实施财务管理信息化奠定坚实基础。第三，定期开展培训。汽车客运站需定期组织财务管理人员参加专业知识与工作能力培训，如借助继续教育、研讨会、学术交流、讲座等形式，提高汽车客运站财务管理人员信息化建设思想意识和综合素养。在培训工作中，应在财务专业知识与信息化技术方面花费较多的时间与精力，使财务管理工作人员具备信息收集、筛选、交流、输出以及加工等一系列基础技术能力，在此过程中明确该项工作具体价值并高效掌握财务管理重点内容、基本工作步骤，提升工作效率与质量。第四，健全完善激励制度。汽车客运站财务管理人员应明确自身工作目的、工作任务，积极配合相关部门工作安排。汽车客运站还需不断健全完善福利待遇与激励机制，调动工作人员工作积极性和主动性，以良好的工作状态完成各项工作。第五，打造一支以信息化技术人才、财务管理人才、综合型人才为核心的高水平财务管理信息化建设队伍。不断优化信息化建设，大幅度提高汽车客运站财务信息化建设水平。

（六）健全保障机制

汽车客运站要在大数据下迅速开展财务信息化建设，就需要保证资金投入。各个汽车客运站每年都要综合分析和判断财务信息化的建设情况，在充分保证财务信息化建设的基础上，适当增加稳定资金投入，实现财务信息化目标。汽车客运站需高度重视财务信息化建设，加大资金投入力度，促使汽车客运站在借鉴各方优秀经验的基础上配置更为高效的财务信息化建设基础设施，并基于此建立集较强功能性、安全性、操作性于一体的财务信息化系统。必要时与汽车客运站特征相结合，建立信息化管理制度，对财务工作各个模块进行高效整合，使财务管理各个环节有效衔接，高效处理财务信息的同时保障财务信息可靠真实，提升财务工作效率。

现代汽车客运站管理在全新经济社会发展形势下强调精细化，基于信息化，汽车客运站系统可以兼顾固定资产管控、收入预算管控、库存物品管控等多项业务。通过连接汽车客运站内部各个不同业务，形成先进的网络化汽车客运站管理体系，达到高效管控汽车客运站各项业务目的，特别是在此过程中发挥财务系统作用，实现精细化管理。

大数据等科学技术的快速发展，使多个领域工作理念和方式发生转变，也因此推动信息化改革。交通运输业关乎国计民生，汽车客运站作为社会的重要组成，其工作效率和质量对国计民生的发展有着重要影响。在财务管理信息化建设方面引入大数据，能较好地优化设备投资分析、预算制定、成本分析等工作，更能优化汽车客运站资源配置，提升工作效率，降低管理成本，为旅客提供便捷、舒适、高效的出行体验，这对提升汽车客运站核心竞争力以及营造良好社会秩序有着重要的。

第七节　建筑企业成本管理

建筑业在国家经济增长中发挥着重要的促进作用，建筑企业在国民经济中始终扮演重要角色。建筑企业要想保证持续竞争力，就需要从成本管理角度出发，分析成本管理的影响因素，以此作为基础加强成本控制，从而提升成本管理水平，为建筑企业未来发展奠定重要的成本管理基础。

一、建筑企业成本管理影响因素分析

（一）内部运营影响因素

建筑企业影响成本管理的内部运营它主要涵盖两个部分，分别是基础活动与辅助活动。基础活动是任何建筑企业都避免不了的，只要进行建筑项目建设，就需要基础活动作为保障。而基础活动中则是由后勤活动、项目施工、项目竣工验收以及后续维修等构成。基础活动是一项比较复杂的系统性工程，也是建筑企业成本投入较大的环节。

除了与建筑项目有直接联系的基础活动外，建筑项目的基础活动运

转还需要大量的辅助活动作为保障体系。如，建筑企业的文化、发展战略、财务管理以及预算管理等，都是影响基础活动的重要辅助活动，同样对企业成本管理产生影响。

(二) 外部战略影响因素

建筑企业外部对成本控制的影响也是不可忽视的。首先是建筑企业与产业上下游企业合作关系的影响因素。建筑企业通常会有长期合作的原材料供应商、设备供应商以及劳务协作单位等，与各种企业的合作关系会直接影响整个建筑项目的成本。其次，建筑业竞争激烈，建筑企业与同类企业也会形成激烈市场竞争关系。一旦在竞争过程中通过压低价格的方式竞争，就会影响企业的盈利能力。

二、建筑企业成本管控的重要作用

(一) 更好地实现成本战略目标

将成本管理应用到企业的成本战略管理当中，从现代建筑企业的成本管理现状以及问题出发，对成本管理影响因素的多个角度进行分析，将成本管理与建筑企业成本影响因素逐渐地进行融合应用，可以提高企业的成本管理控制水平，完善制度保障，从而达到成本管理控制目标。

（二）有利于提升建筑企业竞争力

成本管理控制主要是为建筑企业管理层决策提供支持，运用一系列专门的成本管理方法，为管理层提供有助于实现企业成本战略目标的相关信息。不能只注重成本核算与业绩报告，更要注重企业长期的战略性问题研究。

（三）满足建筑企业现代化管理的需要

成本管理控制不仅仅是强调对经济活动的日常管理，其管理重心更加集中在所有建筑企业战略规划的信息当中，同时将成本管理的职能进行充分的发挥。成本管理控制的应用弥补了传统成本管理的缺陷，注重强调为建筑企业战略管理提供服务。

三、建筑企业成本管理工作的主要问题

（一）内部管理体系不完善

建筑企业成本管理工作中，最关键的问题是建筑企业的责任划分十分模糊，尤其是各个项目的管理经理在整个管理工作当中占据较高的话语权，直接影响整个项目的成本管理工作，缺乏相应的平衡机制。建筑企业中，企业领导与项目经理之间的权限责任划分并不是十分明确，在权利划分管辖范围以及权益保障上面缺乏完善的成本管理体系。

（二）成本管理效率低下

在建筑企业当中，工期是影响企业成本管理控制的重要指标。具体而言，其要求相应的建筑项目要在规定的时间内完成交付工作，那么建筑企业管理者对工期的要求就是确保工程能够如期交付。所以，某些建筑项目不得不通过提高建筑成本的方式来加快建筑速度，以此来确保工期能够按时完成。因此，在整个过程当中，建筑企业就需要面临着较大的施工成本增长。

（三）成本管理数据利用程度不够

建筑企业对成本相关信息缺乏深入的挖掘，并且没有建立起统一的成本信息收集渠道，很难为管理者提供有效的成本管理决策资料。尤其是建筑企业信息化程度不足，对成本信息缺乏及时性的传递。许多成本管理者无法第一时间掌握建筑项目的成本信息，很难做出有效的成本控制对策。

（四）合同管理工作松懈

合同管理是体现建筑企业外部成本管理影响因素的重要形式。但是，建筑企业在合同管理方面缺乏专业的工作小组，很多施工合同是由施工经理进行保管。缺乏专业的团队对合同管理进行归档分类，无法对合同的经济效益进行综合性评估，一旦发生相应的违约事件，缺乏通过合同来保证自身权益，最终为建筑企业造成不必要的法律成本。

(五) 企业成本管理控制目标不明确

建筑企业的成本管理控制目标并不是特别明确，许多职工并不了解成本管理控制目标，成本管理部门也没有针对目标进行详细的普及和分解，因而许多部门以及职工在进行成本战略执行上就比较盲目，无计划性。要想达到成本控制指标，多数只是建筑企业领导层的口号，而企业职工对相关的成本控制指标并没有深入的了解。正是由于企业成本战略目标的不明确，许多职工没有规划性地执行相关工作，导致成本管理成为摆设，根本无法起到引领的作用。因此，缺乏科学的成本管理控制指标，根本无法从整体上对建筑企业的成本管理控制结果进行考核。

四、建筑企业成本管理优化控制策略

(一) 健全成本管理机制

建筑企业需要在工程初期结合市场价格以及企业内部定额制定好相应的成本规划方案，明确项目经理的具体责任以及权利范围，最终形成责任成本管理制度。建筑企业在进行成本管理时，将具体的成本管理目标进行划分，并且分解到各个具体的岗位上，使各个具体岗位人员能够清晰地认识到自身所承担的成本责任。建筑企业可以成立相应的成本管理部门，对各个项目成本完成情况进行监管，一旦发现成本执行与成本方案有偏差，应该及时地进行调整优化，完善成本管理体系。

（二）降低建筑项目成本

影响建筑企业施工环节成本的因素是多样化的，结合影响因素的不同需要，选择具体的控制措施。如，对人工成本进行压缩，可以将施工管理环节进行深化，针对施工人员进行严格的技术培训，从而能够帮助工人更好地运用工程技术，有效地压低人工成本。再就是对材料成本的掌控，需要采购部门与供应商企业进行深入的合作，加强联系，并且以此来获取到最低的成本价格，从而有效地降低原材料采购成本。最后就是对机械使用费要进行严格的控制，必须要对工程机械的数量以及具体费用进行预算，在施工前制定出相应的工程设备租赁规划，减少机械设备的闲置与浪费。

（三）强化合同管理工作

合同管理有利于合作双方的具体权益。在施工前期环节，双方所签订的合同能够将责任与义务进行明确，并且在建筑合同具体的签订环节中，需要对各个条款进行深入的探讨以及了解，尤其是需要法律顾问以及具体的商务管理人员同时参与，确保合同不会存在具有争议的环节。另外，需要对合同的经济效益进行综合评估，为双方合作争取更好的条件，从合同环节就将成本管理工作进行贯彻，将有利于整个建筑项目的成本管理控制。

第八节　物业公司人工成本管理

随着时代和经济的发展,人们也提高了对物业管理业务的需求,并且这种需求呈现出多样化的特点,这也为物业管理公司的快速发展奠定了扎实的基础。作为物业企业,要实现经营目标,提高自身竞争力,应从两方面入手:一方面,推动服务升级,创新物业服务模式,为业主提供高质量的物业服务;另一方面,应注重减支增效,合理地控制成本支出,以挖掘利润空间。结合物业企业成本数据来看,人工成本在各项成本中占比较高,基本达到60%～80%,人工成本攀升将倒逼物业行业加快技术升级和智能化转型。要平衡投入和产出的关系,拓展利润空间,加强人工成本管控是企业的必由之路。

企业间的竞争不仅仅是技术、人才的竞争,降低成本也是竞争的关键,同等的服务质量,低成本更具实施低价竞争战略的优势。结合物业企业来看,占比较大的成本是影响利润的关键,也是成本控制的主要方向和目标,因此,物业企业要注重从人工成本角度入手,设计科学的成本管控方案,从而帮助企业实现降本增效的目标。

一、人工成本管理存在的问题

(一) 行业薪酬水平不断提升

一方面,由于其他行业的平均工资水平长期高于物业行业,使得行业从业人员出现下降趋势,与此同时,写字楼、酒店等数量的大幅度增加,使得企业不得不通过高工资来吸引员工。另一方面,为了以高质量的服务塑造良好的企业形象,物业企业只能提升员工的招聘标准和要求,加之智能技术被广泛用于建筑中,也对物业从业人员的操作能力和管理能力提出了更高的要求。

(二) 人才需求不断扩大

物业企业出于人工成本管控考量,更加青睐"一岗多能"型人才,复合型人才虽然能帮助企业削减人员编制,增强综合能力,但是由于"一岗多能"要求员工兼顾多项工作职责,必须具有一定统筹规划能力,这在一定程度上提升了岗位价值,也使得员工的心理预期报酬更高。若企业采取降薪招聘的方式,则势必无法为企业聘选到高素质人才,这就导致在人工成本投入和高素质人才需求之间存在矛盾。

(三) 人才培养支出与日俱增

物业管理行业在我国的发展时间相对较短,目前专业能力较强的物业管理人才较少，因此物业企业要确保员工满足内部管理工作需要，就要投入大量的培训成本，如果不对员工开展培训，则势必会降低员工的工作效率，由此产生了人才培育与人工成本之间的矛盾。

（四）人员流动导致人工成本上升

物业企业是人员流动较频繁的行业之一，高流动性在一定程度上增加了企业的人工成本投入。结合相关数据来看，物业行业对员工的体力、年龄有一定的要求，且年龄段相对集中，流动频率较高、人数多，流动率在30%～35%，如大部分员工会选择在春节等特殊时段辞职，在辞职高峰期大量员工流失，导致招聘成本和培训成本上升。

二、物业公司人工成本管理措施

（一）强化定岗定编

物业企业加强人工成本管控，应注重定岗定编。在明确市场定位的基础上，要依据企业发展目标、业务特性等合理优化设计组织架构，在岗位设置过程中严格以物业服务标准为基础进行定岗定编，并开展对员工的绩效考核工作，逐步健全和完善人力资源管理体系，将企业的人事、薪酬、考核、培训、用工管理等纳入规范管理范畴，构建规范科学的工作流程，确保岗位人员发挥最大价值效用。

(二)技术赋能,减员增收

在互联网时代,物业企业要降低人工成本投入,引入智能技术是重要举措,这不仅可以大大提升工作效率,减少失误,还能减少人员成本投入。如智能门禁技术在小区管理中的应用,可以在一定程度上减少物业企业安保人员的需求量;机器人的出现,可以代替人员进行巡逻;高危性作业通过机器进行操作,可以降低人员安全产生的风险投入;在维修管理方面,依托大数据分析技术,就近安排维修人员,可以降低时间成本,有效提升实际工作效率。

(三)健全内部培训体系

物业企业加强人工成本管控,要注重挖掘员工潜力,既要提升单位时间工作质量,又要提升单位时间工作效率,单位时间工作效率的提升必然意味着成本的下降。鉴于此,物业企业应重视健全内部培训体系,虽然从短期看企业可能需要投入成本,但从长期看,通过专业化的培训可以大大提升员工的工作熟练度和规范性,减少无效消耗,通过培训可以让不同岗位人员更加熟悉本岗位工作职能,进而提升服务质量。物业企业应将员工培训与绩效考核挂钩,并与奖惩制度联动,调动员工学习积极性,可以针对企业保洁部、财务部、行政部、工程部、维序部、客服部等部门分别制定培训计划,并以内部会议的形式开展学习,也可以为员工争取外部培训机会。对于通过培训取得证书的员工,实施奖励措施,从而为更高效地开展各项物业管理工作提供支持。

(四) 基础业务外包

由于物业企业的工作性质具有劳动密集型特点,因此使得人工成本居高不下。因此,物业企业可以选择将部分基础业务外包,可以通过购买服务将附加值较小的基础业务外包给专业的承包企业进行管理,如将绿化养护业务外包专业服务公司,可以大大削减一线人员和降低高危工作的风险投入。物业企业直接购买高性价比的服务,能够大大降低内部成本。

(五) 采取特殊工时制,控制直接费用

物业企业可以采取特殊工时制度,将加班费支出控制在一定范围内。对物业企业而言,加班时间不具有规律性,如果一律按照节假日计算加班费,则无疑会增加企业的人工成本支出。考虑到这种问题,物业企业可以将不定时工时制度和综合计算工时相结合,根据物业企业不同部门、不同岗位的职责特性,合理安排工作时间,工作时间按照上班时间计时,在较忙的时间段安排连续上班,在闲暇计时调休。采用工时管理,可以在不增加员工人数的前提下增加工作量和服务内容。

第九节 软件行业的发展与知识产权战略

软件行业作为一个具有成长性的行业,在市场中有着举足轻重的地位。随着互联网的普及,软件技术的不断提升,软件产业得到了迅猛的

发展。紧跟社会飞速发展的步伐，软件技术逐步渗透各行各业，在人们日常生活中的应用越来越高。发展至今，我们的生活与软件技术已经紧密相连。

进入互联网时代后，软件行业的发展得到了政府的高度重视，发展速度也越加迅猛。如今，软件行业在日常生活与国家安全维护等方面都发挥着不可替代的作用。伴随着互联网时代的发展，软件行业的发展与国家经济发展息息相关，一个国家软件行业的发展情况，可以展现这个国家的经济水平。所以，研究软件行业未来发展战略对中国经济有着重要的意义。

一、软件定义

发展至今，对软件没有一个明确的定义，大多数是通过软件在生活中扮演的角色来描述，常用的软件描述就是通过计算机之类的电子产品进行程序执行后到达的一种界面。因为没有统一的定义，所以软件的分类也没有一致的分类方式，若按照不同的分类方式，对软件的分类都是不一样的。

软件作为一种抽象的特殊产品，通过复杂的程序进行逻辑运算，从而达到执行的目的。软件技术还可以通过与其他各种行业相融合形成一种新的产业模式，以其特殊的生产模式在市场中迅猛发展，有其不可代替的性质。

二、软件行业发展

随着时代进步,软件行业发展速度越来越快,涉及行业越来越多,对社会经济的影响力也越来越大。在20世纪,互联网的兴起引发了一场工业革命运动,从根本上改变了人们现有的生活方式。进入20世纪90年代后,互联网开始逐步渗透到中国经济活动中,从而让互联网走进人们的生活,加速互联网时代的发展。

软件行业日趋成熟,在一定程度上推动了社会经济的发展,为了顺应社会经济的发展需求,市场对软件技术的要求越来越高。

三、软件行业发展现状

21世纪以来,我国的软件行业发展迅速,产业规模得到了不断地拓展,实现的营收同期增长,在国际上占据的比例越来越高。软件技术在社会经济发展中占据的比重也越来越大,在信息化生产中的比值随着猛增。

软件行业在迅速成长的同时,在市场存在的形式发生了改变,其产业的框架构建在完善中形成了新的产业形态。新业态的产生提高了软件行业在社会经济发展中的竞争力,软件企业的发展规模在市场竞争中不断扩大。通过优胜劣汰的筛选生存法则,大型软件企业在内部激烈的竞争中逐步成长，占据着软件行业的领导地位，让软件企业在社会经济中的地位越加稳定。

软件行业的发展解决了一大批软件人才的就业问题，软件产业从业的人数在10年内剧增，在社会经济发展中掀起一波软件潮。软件行业发展速度越来越快，这在很大程度上提高了社会经济综合水平。在人才数量不断提高的同时，软件技术人才所拥有的产业知识也在不断丰富，这为软件行业的发展奠定了良好的基础。

四、软件行业发展策略

在软件行业加速发展的同时，中国对软件行业的重视度亦随之提高，越来越多的研究文稿随之出世，主要通过经济、竞争、发展等方面来进行探究，对软件行业进行深度剖析，解析软件行业在国家发展道路上所扮演的角色。

在中国软件协会撰写的《中国软件产业发展研究报告》中，对软件行业发展特征进行了整理分析，同时对其在各地发展的现状进行探究，亦从软件技术对各行各业的渗透与对生活服务的延伸来深究中国软件行业的发展。软件行业逐渐将软件技术渗透到其他行业中，从而在经济市场中占据有利地位，那么，在同行业之间软件技术的竞争优势便值得我们深思。

如果软件行业相关企业想要获得持续发展，创新就变得非常重要。

只有不断挖掘新产品，开辟新模式，才能在纷繁复杂的市场中拥有自己的竞争力。所以，软件相关企业的首要目标是：（1）拓展新模式，通过新模式打破市场格局获取成长。（2）拓展新业态，软件行业竞争处于低成本定位，利用对优秀人才的培养加上国家政策的支持，开拓新产业状态。（3）升级产业，在新模式产品问世后，短期内竭力专攻产品的升级，完善产品漏洞，让产品更贴切消费者的需求，甚至超出消费者预期。（4）重视人才培养，优秀的人才是软件行业发展的基础，拥有优秀的行业人才队伍，对企业来说至关重要；源源不断的人才供应，才能支撑企业的成长，所以，企业应该重视对软件产业方面人才的培养。（5）挖掘自身优势，人贵在有自知之明，同样，企业发展的前提是明白自己的优缺点，只有明确了自身的优劣势，才能扬长避短，才能让企业在发展中达到事半功倍的效果。

五、知识产权战略

随着软件行业在社会经济中的崛起，知识产权的重要性亦随之凸显。企业在市场竞争中必须学会保护自身的知识产权，只有这样，才能保障企业努力成果的安全性。在今天互联网时代，知识产权的管理对任何一家企业来说都是非常重要的。

对市场竞争激励的企业来说，仅仅保护知识产权是不足以支撑一个企业生存发展的，在保护知识产权的同时，企业还应该重视对知识产权的利用与开发。一方面不断合力开发新的知识产权，另一方面合理利用所拥有的知识产权，尽最大努力展现知识产权的价值，发挥知识产权的作用，从而提升企业自身在市场中的竞争力。

我国的软件企业较之国外，在基础可以技术与综合水平方面在市场中是不占优势的。一套合理的知识产权战略，在一定程度上可以改善这种现状。通过提高企业的竞争力，加快企业的发展速度，可以提升中国软件行业在国际上的地位。在既定的市场框架中，我国的软件企业应当从基础做起，全力建设自身的知识产权，并逐渐完善知识产权管理，通过对企业既有知识产权的综合，完善企业人才激励制度，在对各方面建设的管理运作中，提升企业的市场竞争力。

在社会经济市场中，软件行业在市场竞争中有着一定的优势，相较于其他相互争取市场份额的企业来说，软件技术的万能融合性成了它最大的优势。软件技术可以与其他行业的产品进行完美融合，从而成为一种新型的产业形态。在软件行业市场中，因为软件技术特有的完美融合性，软件行业的规模拓展迅猛，随之而来的内部竞争也变得越来越大。要想在内部竞争中凸显自身企业的优势，对自身企业知识产权的管理是尤为重要。对自身企业知识产权开发与利用的管理，决定着一个企业是否能在竞争激烈的市场中生存下来。所以，一个软件企业想要获得持续发展，首先需要保证人才的数量与质量，然后制定适合企业自身发展的知识产权战略，最后完善企业的员工管理制度。

参考文献

[1] 安玉琴，孙秀杰，宋丽萍. 财务管理模式与会计审计工作实践[M]. 北京：中国纺织出版社，2023.03.

[2] 蔡智慧，绳朋云，施全艳. 现代会计学与财务管理的创新研究[M]. 北京：中国商务出版社，2023.01.

[3] 柴慈蕊，赵娴静. 财务共享服务下管理会计信息化研究[M]. 长春：吉林人民出版社，2022.01.

[4] 程柯. 管理会计理论实务与案例[M]. 上海：复旦大学出版社，2022.01.

[5] 程美英. 财务会计管理模式研究[M]. 北京：北京工业大学出版社，2023.04.

[6] 高志玥，王永莉，周春艳. 企业管理会计的智能化与创新研究[M]. 延吉：延边大学出版社，2022.07.

[7] 李贺. 管理会计 第2版[M]. 上海：上海财经大学出版社，2022.08.

[8] 李扣庆，王兴山，付建华，韩向东，陈婷. 管理会计与低碳发展[M]. 上海：立信会计出版社，2022.05.

[9] 李婉丽,雷永欣,闫莉. 企业管理会计与财务管理现代化发展 [M]. 北京:中国商务出版社,2022.08.

[10] 李伟,尹美群,陈咏英. 管理会计 [M]. 天津:南开大学出版社,2022.01.

[11] 刘光强. 基于"区块链+"的管理会计数字技能 [M]. 成都:西南交通大学出版社,2022.08.

[12] 刘美欣. 会计学与财政税收管理研究 [M]. 北京:中国商务出版社,2023.01.

[13] 栾泽沛,刘芳菲,于瑞杰. 高校财务管理与会计理论应用 [M]. 北京:中国商务出版社,2022.08.

[14] 秦选龙. 大数据下的管理会计变革 [M]. 北京:中国纺织出版社,2022.04.

[15] 邵华清,杜芸,陈雪莲. 管理会计视角下的成本管理研究 [M]. 吉林出版集团股份有限公司,2022.09.

[16] 舒文存. 管理会计视角 构建企业绩效评价体系的实证研究 [M]. 北京:企业管理出版社,2022.04.

[17] 王迁邵,晋保红. 财务管理与会计实践探索 [M]. 长春:吉林人民出版社,2022.05.

[18] 吴海祺,杨绪梅,蔡燕. 财务管理与会计信息化创新研究 [M]. 长春:吉林人民出版社,2023.02.

[19] 吴金梅,秦静,马维宏. 经济管理与会计实践创新研究 [M].

延吉：延边大学出版社，2022.07.

[20] 许本锋. 大数据与管理会计 [M]. 北京：经济日报出版社，2022.05.

[21] 赵金燕，张立伟，鲁秋玲. 现代财务管理与会计管理的信息化发展 [M]. 长春：吉林人民出版社，2022.07.

[22] 邹志英. 漫话管理会计是什么 [M]. 北京：机械工业出版社，2022.01.